KB003494

교과서에서 배우지 못한 **우리역사**

심백강 지음

＊
우리가 바르게 알아야 할 **한국역사**

바른역사

나는 왜 이 책을 쓰게 되었는가

현재의 한국사 교과서는 일제 식민사학의 연장선상에 있다고 해도 과언이 아니다. 우리역사의 단절·축소·왜곡으로 상징되는 일제의 식민사관을 통설로 받아들여 반도조선·반도낙랑·반도삼한·반도고구려·반도백제 위주로 서술되어 있기 때문이다.

『국사교과서』는 한 나라의 국사교육에 길잡이가 되는 책이다. 그런데 『국사교과서』가 잘못 서술되어 민족정신을 훼손시키고 민족정기를 좀 먹고 있다면 그것보다 더 심각한 사태는 없다.

이 책은 『국사교과서』가 잘못 가르치고 있거나 또는 당연히 가르쳐야할 내용을 가르치지 않는 것을 바로잡고 보완하기 위해서

1강 밝달민족의 장

3

집필한 것이다.

역사 특히 고대사는 사료가 생명이다. 나는 이 책을 쓰기 위해 사료를 찾는데 많은 시간을 소비했다. 돌아보니 10년 세월이 훌쩍 지나간 것 같다.

이 책에서 독자 여러분들은 그동안 우리가 학교의 교과서에서는 배울 수 없었던 많은 새로운 역사사실을 발견하게 될 것이다. 예컨대 요서고조선 · 요서낙랑 · 요서삼한 · 요서부여 · 요서고구려 · 요서백제 등의 역사와 만나게 된다.

전혀 듣지도 보지도 못했던 역사를 갑자기 접하다보면 혹자는 좀 생소한 느낌이 들기도 할 것이다. 그러나 이 책에 담긴 내용은 하나하나 중국의 정사자료 특히 청나라에서 국력을 기울여 편찬한 사료의 보고인 『사고전서』의 기록에 기초하고 있으며 그 어느 것 하나도 근거 없는 자의적 판단이나 해석은 없다는 점을 양심을 걸고 분명하게 밝혀둔다.
이제 독자 여러분들이 이 책을 통해 교과서에서 배우지 못한 요서고조선 · 요서낙랑 · 요서삼한 · 요서부여 · 요서고구려 · 요서백제에 대해 알게 된다면 한국사의 영광스러운 면과 치욕스러운 면을 함께 이해하는 계기가 되어 한국사를 바라보는 온전한 시각을 갖추게 될 것이다. 그러면 우리는 한 번도 대륙을 지배해 본 적이 없는 반도국가라는 식으로 가르친 지난날의 국사교육이 얼마나 잘못된 것인지 그 실상을 깨닫게 될 것이고 드넓은 세계 수많은 인류 중에서 한국인으로 태어나 한국에서 살아가는 것에 대한 긍지와 자부심이 저절로 느껴지게 될 것이다.

나는 현재의 한반도 중심의 초라한 반 쪼가리 한국사 교과서가 아니라 이런 웅대했던 동북의 요서역사를 포함한 온전한 한국사 교과서를 국사편찬위원회에서 하루빨리 편찬하여 우리의 청소년들이 즐겁게 배우는 날이 오기를 손꼽아 기다린다. 하지만 그것이 그리 쉽지는 않아 보인다. 저들 식민사학의 뿌리가 워낙 깊고 저들이 자신들의 아성을 지키기 위해 둘러쳐놓은 장벽이 너무나 높기 때문이다.

그러나 우리는 2차 대전이후 경제혁명과 정치혁명을 통해 산업화와 민주화를 동시에 실현한 세계가 부러워하는 우수한 민족이 아닌가. 이제는 역사혁명을 통해, 중원의 토착민으로 발해만을 끼고 앉아 대륙을 호령했던 동아시아 역사문화 주역으로서의 역사를 되찾는 날이 머지않아 반드시 도래할 것으로 믿어 의심치 않는다.

다만 오늘 산업혁명·정치혁명을 넘어 역사학의 혁명을 이룩할 주체는 누구인가. 우리 국민이다. 봉건사회에서는 임금이 나라의 주인이었다. 그러나 오늘날 민주주의 국가에서는 대통령이나 국회의원·장관이 아니라 국민이 나라의 주인이다. 국민이 나서서 『국사교과서』 개정운동을 펼치고 역사학의 혁명을 정부와 의회에 강력히 요구하고 명령해야 한다. 이 책이 우리 5000만 겨레가 나서서 『국사교과서』를 개정하고 역사학의 혁명을 이루어 내는데 기폭제 역할을 하게 되기를 기대한다.

2014년 10월 25일
심백강

목차

4강 삼한 · 부여의 장

5강 고구려의 장

1강

—

밝달민족의 장

1강 밝달민족의 장

우리 민족은 어떤 민족인가

오늘날 우리는 '민족'이라는 두 글자를 널리 사용한다. 그러나 민족이라는 단어는 동양의 고유 언어가 아니고 서구에 뿌리를 두고 있는 번역명사이다.

백범 김구金九는 『백범일지』「민족과 국가」에서 "민족은 필경 바람 잔 뒤에 초목과 같이 뿌리와 가지를 서로 걸고 한 숲을 이루어 사는 것이다."라고 하여 민족을 혈통적인 공동운명체로 규정했다.

같은 혈통을 지닌 공동운명체로서 한국 땅에 뿌리를 내리고 살아가는 한국인이라면 누구를 막론하고 그 뿌리가 어디이고 또 가지는 어떻게 뻗어 나갔는지를 제대로 이해할 필요가 있을 것이다.

우리 민족은 어떤 민족인가. 중국의 한족漢族과 달리 우리 민족을 지칭하는 명칭에는 한민족·예맥족·밝달족 등 여러 가지가 있다. 그렇다면 이 중에서 우리 민족을 지칭하는 가장 적합한 이름은 무엇이며, 또 이들은 서로 어떻게 연관되어 있는 것일까.

우리나라 중·고등학교 역사교과서에서 우리 민족이 어떤 민족인가에 대해 설명한 내용을 살펴보면, 「한민족의 형성」이나 또는 「우리 민족의 기원」이라는 단원에서 천편일률적으로 다음과 같이 말하고 있다.

우리 민족은 인종상으로는 황인종에 속하고 언어학상으로는 알타이어족과 가까운 관계에 있다. 우리 민족은 오래전부터 하나의 민족단위를 형성하고, 농경생활을 바탕으로 한 독자적인 문화를 이룩하였다.

이러한 교과서를 가지고 공부한 한국의 청소년들이 우리 민족이 어떤 민족인지 그 구체적인 내용을 깊이 이해할 수 없는 것은 너무나 당연한 일이다.

우리 민족의 기원과 관련하여 『삼국유사三國遺事』「고조선古朝鮮」 조항에는 '단군설화'가 실려 있다. 이러한 설화를 바탕으로 환인桓因·환웅桓雄을 한韓부족, 곰 토템부족을 맥貊부족, 범 토템부족을 예濊부족으로 해석하고, 태양 토템부족인 환桓·한韓이 주도하여 곰 토템부족인 맥부족 및 범 토템부족인 예부족과 결합하여 고조선이라는 최초의 고대국가를 건설했다고 주장하는 견해가 있다.(신용하 「한국민족의 기원과 형성」 『한국민족의 형성과 민족사회학』, 지식산업사, 2001, p. 34)

이 견해에 따르면 우리 민족을 구성한 예족·맥족·한족 중에서 한족이 주류가 되기 때문에 우리 민족을 한민족으로 지칭하는 것이 옳다고 할 수 있다.

예족은 『후한서後漢書』「동이열전東夷列傳」〈예濊〉 조항에 "호랑이를 신으로 제사지낸다."는 기록이 나온다. 그러므로 이것을 예족을 범 토템민족으로 보는 근거로 삼을 수 있다.

하지만 맥족을 곰 토템부족으로 설명한 것은 어디에서도 그러한 근거를 찾아볼 수 없다.

상고시대에 우리 민족은 예족·맥족·한족으로 구성되어 있었다. 즉 이 세 민족이 모여서 오늘의 한국인이 형성된 것이다. 그렇다면 이 세 민족은 서로 어떤 관계가 있는 것인가. 결론부터 말한다면 한족과 예족은 맥족에서 분파되어 나온 것이다.

맥족의 한 부락이 발전하여 예족이 되고 또 다른 한 부락이 발전하여 한족이 된 것으로서, 한족과 예족은 모두 맥족에 뿌리를 두고 있다. 맥족이라고 하면 예족과 한족을 모두 포괄하는 표현이 되지만, 한민족이라고 하면 예족과 맥족을 분리해서 단순히 한민족만을 지칭하는 용어가 될 수 있다. 그래서 '한민족'은 우리 민족을 지칭하는 적합한 명칭이 될 수 없는 것이다.

그러면 본래 같은 밝달민족이 왜 예족·맥족·한족의 각기 다른 이름으로 불려 지게 되었으며 그것들이 의미하는 것은 무엇인가. '예濊'는 원래 우리말 '새'의 뜻이고 '맥貊'은 우리말 '밝'의 뜻이며 '한韓'은 우리말 '환桓'에서 비롯되었다고 본다.

먼 옛날 우리 민족은 아침 해가 선명한 동방에 터전을 이루고 살았으며 태양을 숭배하였다. '새'는 새 해·새 아침·새 봄 등 새롭다는 우리말의 줄인 말이고 '밝'과 '한'은 밝고 환한 태양을 상징하는 우리 민족의 고유한 언어이다.

'새'·'밝'·'한'은 아침 해가 선명한 밝달에 터전을 이루고 살았던 태양을 숭배하는 우리 밝달민족을 지칭하는 용어인 점에서는 동일하다. 다만 이들의 본류와 지류를 구분할 필요성이 있고, 또 거주지의 이동이 이루어짐에 따라서 '새'·'밝'·'한' 등으로 호칭상의 분류가 생긴 것으로 본다.

그런데 이런 '새'·'밝'·'한'이라는 우리 민족의 고유 언어를 그 음에 따라 한자로 기록하는 과정에서 예濊·맥貊·한韓(桓)으로 표기된 것이라고 하겠다.

그러니까 예濊는 원래 예濊가 아니라 '세歲'였는데 뒤에 중국인들이 '세歲'자를 기록할 때 옆에 물수氵나 벼화禾 변을 덧붙여 예濊나 예穢가 되었고 맥貊은 원래 '백百' 또는 '백白'이었는데 중국인들이 뒤에 여기에 치豸변을 첨가하여 '맥貊'이 되었으며 '맥貊'에서 다시 맥貊으로 변질되었다.

세歲의 본래 음은 '세' 이지만 물수水와 벼화禾를 추가한 예濊나 예穢는 음이 예이고 뜻은 '더러운' 이 된다. '백百' 과 '백白' 은 우리 말 '밝' 을 음에 따라 표기한 것이지만 '백百' 의 옆에 치豸를 추가하면 '오랑캐 맥貊' 자가 된다.

그러면 중국인들은 왜 우리 민족의 명칭을 본래대로 표기하지 않고 이렇게 나쁜 의미를 지닌 글자로 변경시켜 사용하였는가. 그 것은 흉노匈奴의 경우를 연상하면 이해가 보다 쉽게 될 것이다.

세상에 어느 민족이 자기 민족의 명칭에 흉할 흉匈자와 노예 노奴자를 붙여서 사용하고 싶어 하겠는가. 사서史書의 기록에 의하면 흉노匈奴는 원래 훈족薰族이었고, 여기서 '훈' 은 향기롭다는 의미를 지닌 글자이다. 그런데 뒤에 중국인들은 훈薰자와 음이 비슷한 호胡자를 사용하여 이들을 호인胡人이라 지칭하였고 나중에는 다시 호胡자를 음이 비슷한 흉匈자로 바꾸면서 인人자까지 노奴자로 바꾸어 오늘의 흉노匈奴가 된 것이다.

고대 중국인들은 역사상에서 자기 민족과 다른 이민족에 대해 이와 같이 본래의 글자를 변용시켜 나쁜 의미를 내포한 글자로 표기한 이유가 어디에 있는 것일까. 그것은 이민족을 배척하고 중원의 한족 중심주의를 지향해온 존화양이尊華攘夷의 민족적 관념에서 기인된 것이라고 하겠다.

우리 민족은 밝달민족이다

그러면 이제 왜 한민족보다는 밝달민족이라고 하는 것이 우리 민족에 대한 보다 더 정확한 표현이 되는 것인지 관련 문헌을 중심으로 상세하게 살펴보기로 한다.

『삼국유사』에는 우리의 첫 국가 고조선의 건국사실이 전해지고 있는데 거기에 고조선의 국조를 '단군檀君'으로 기록하였다. 단군檀君은 밝달 단檀 임금 군君, 우리말 '밝달임금'의 한자표기이다.

『관자管子』에는 '발조선發朝鮮'에 관한 기록이 나온다. '발조선'

의 한자 '발'은 우리말 '밝'의 다른 표현이므로 '발조선'은 곧 단군의 '밝달조선'과 같은 말이라 볼 수 있다. 『관자』의 '발조선'이 곧 '밝달조선'을 의미한다고 할 때 단군이 세운 우리 민족의 첫 국가 고조선은 밝달민족 국가가 되는 것이다.

『한서漢書』「고제기高帝紀」〈북맥北貊〉조항에서 당唐나라의 안사고顔師古가 낸 주석을 보면 "맥족은 동북방에 살고 있는데 삼한의 무리가 다 맥족의 종류이다.(貊在東北方 三韓之屬 皆貊類也)"라고 말한 내용이 나온다. 이 기록을 통해 우리는 마한馬韓·진한辰韓·변한弁韓으로 일컬어지는 삼한이 그 원류를 따져 보면 모두 맥족에 기원을 두고 있다는 사실을 알 수 있다.

『산해경山海經』「해내서경海內西經」에는 "맥국貊國이 한수漢水의 동북방에 있는데 지리적으로 연燕과 가깝다(貊國在漢水東北 地近於燕)"고 한 기록이 있다. 이에 대해 곽박郭璞은 그 주석에서 "지금 부여국은 바로 예맥의 옛 땅이다.(今扶餘國 卽濊貊故地)"라고 하였다.
즉 전국시대 연나라에서 가까운 동북 지역에 맥국이 있었다고 언급한 『산해경』의 내용에 대해, 서진西晉의 곽박은 예맥의 옛 땅에 지금은 새로 부여국이 건립되어 있다는 사실을 설명한 것이다.

만약 부여가 본래 예맥족이 아니었다면 어떻게 예맥족의 땅에 나라를 세우는 일이 가능했겠는가. 이는 부여가 맥국과 동족인 예맥민족이었음을 말해주는 좋은 단서인 것이다.

또한 『위지魏志』「동이전東夷傳」에는 "본래는 예맥의 땅이었는데 부여가 그곳에서 왕 노릇을 하였다.(蓋本濊貊之地 而扶餘王其中)"라고 하여 부여가 본래 예맥민족이었음을 뒷받침해 주는 기록이 나타나고 있다.

『위지』「동이전」을 보면, "고구려는 부여의 별종別種이다."라는 기록이 있다. 그리고 『후한서後漢書』「고구려전」에는 "구려는 일명 맥貊이다.(句驪一名貊耳)"라고 하였다. 또 "고구려에서 좋은 활이 생산되는데 소위 말하는 맥궁貊弓이 이것이다.(出好弓 所謂貊弓是也)"라고 하였다. 이는 고구려가 맥족이었음을 반증하는 근거가 된다.

『위서魏書』에서는 " 백제국이 그 선조는 부여로부터 나왔다.(百濟國 其先出自扶餘)"라고 하였다. 부여가 예맥족의 후예인 만큼 부여에서 갈려나간 백제 또한 맥족의 후예가 되는 것은 당연한 이치이다.

『삼국사기』에는 "신라 남해차차웅南解次次雄 16년, 즉 중국 신국新國 왕망王莽 천봉天鳳 6년(서기19) 봄 2월에 북명인北溟人이 밭을 갈다가 예왕濊王의 인印을 얻어 나라에 바쳤다."라는 기록이 나온다. 이는 신라 땅이 일찍이 예인濊人의 영토였음을 말해준다. 예濊는 맥족貊族의 한 부락이 발전하여 따로 독립해서 예가 된 것이니 예인의 후손인 신라의 뿌리가 맥족임은 긴 설명이 필요치 않다.

이상의 기록을 통해서 볼때 고조선 · 삼한 · 부여 · 고구려 · 백제 · 신라 등 우리 민족의 고대 국가가 모두 예맥족에 뿌리를 두고 있다는 사실을 알 수 있다.

고조선에서 신라로 이어진 맥을 계승한 우리 한국민족은 예 · 맥 · 한으로 구성된 민족이다. 그런데 그 뿌리로서 이 세 민족을 통칭하는 개념은 맥족, 즉 밝달민족이다. 그렇기 때문에 우리 민족을 한민족보다는 밝달민족으로 지칭하는 것이 더 정확한 표현이 된다고 하는 것이다.

맥족貊族은 밝달족의 한자표기

　우리 민족의 원래 명칭은 '밝' 즉 '밝달족'이다. 이를 한자로 기록하는 과정에서 음이 비슷한 한자를 취하여 '백百' 또는 '백白'으로 표기하게 된 것이다. 그런데 뒤에 백百에 치豸를 첨가하여 맥貊이 되고 백白에 치豸를 첨가하여 맥貊이 되었다. 그러므로 맥貊과 맥貊은 동일한 글자로 볼 수 있다. 『정자통正字通』에 "맥貊은 맥貊과 동일하다.(貊同貊)"라고 한 것은 그것을 설명한 것이다. 그리고 또 맥貊이 변하여 맥貉이 되기도 하였다.

　한자 '백百' 또는 '맥貊'은 우리말 '밝'을 음사한 것으로서, 거기에 어떤 특별한 의미가 부여된 것은 아니다. 그런데 한나라 이후 중국학자들은 이러한 사실을 알지 못했기 때문에 '백百' 또는 '맥貊'이라는 글자에서 어떤 의미를 찾으려 했고 그 결과 많은 오류를 범하게 되었다.

예컨대 허신許慎은 『설문해자說文解字』에서 "맥貊은 북방의 맥貊으로 치豸종류이다. 혹은 치豸의 옆에 백百을 쓰기도 한다.(貊北方貊, 豸種也 或從百)"라고 하였다. 이는 맥貊을 치豸라는 짐승의 한 종류로 파악한 것이다.

능순성凌純聲은 "이들 민족은 맥피관貊皮冠을 착용하기때문에 그래서 중국인들이 '맥貊'이라 호칭하였다."라고 말하였다.(凌純聲「松花江下游的赫哲族『中央研究院歷史語言研究所單刊』甲種之十四, p. 29)

문숭일文崇一은 이들 민족이 아주 먼 옛날 '치豸'로 몸에 문신을 하였기 때문에 중국인들이 '맥貊'이라 한 것이 아닌가 하는 추측을 하기도 하였다.(文崇一「濊貊民族及其文化」『中國古文化』東大圖書公司, 1990, p. 240)

'맥貊'이라는 글자에서 어떤 의미를 찾으려고 시도했던 이러한 오해와 편견들은 중국학자들이 우리 밝달민족에 대한 이해가 부족했기 때문에 생긴 오류가 분명하다. 그렇다면 맥貊의 원래 음은

▲ 하북성 탁록에 있는 치우의 샘

'밝'이며 맥貊은 '밝'의 한자음을 표기한 것이라는 사실을 무엇으로 증명할 수 있는가.

『주례周禮』5권「춘관종백春官宗伯」제3에는 맥제貊祭에 관한 기록이 나온다. 그 의미를 설명해보면 다음과 같다.

국가에서 사시四時의 대대적인 사냥을 시행할 적에 사냥하는 장소에 남쪽에서부터 북쪽까지 모두 네 군데 표시를 해두고 표시한 곳마다 군법軍法의 창시자인 군신軍神에게 제사를 지낸다. 제사의 명칭은 맥제貊祭라고 한다.(凡四時之大田獵 祭表貊)

그런데 후한後漢의 한학대가漢學大家인 정현鄭玄은 『주례』에 나오는 이 '맥제貊祭'에 대한 주석을 내면서 맥제의 제사지내는 대상은 군신軍神 치우蚩尤라고 하였고, 맥貊 자에 대해서는 "맥독위십백지백(貊讀爲十百之百)"이라고 말하였다.

즉 정현은 맥貊 자를 '맥'이 아니라 '십' '백'의 숫자 '백'과 같은 발음으로 읽어야 한다고 지적한 것이다. 정현의 주장에 따르면, 서주西周시대에 사냥을 할 때 지냈던 맥제는 밝달족의 승리의 화신으로 일컬어지는 치우에게 지냈던 제사인데 그 제사의 명칭은 사실 맥제가 아니라 '밝

▲ 산동성 문상에 있는 치우의 무덤

제', 즉 '밝달제'로 발음해야 옳다는 이야기가 되는 것이다.

그리고 『주례』 권6 「춘관종백하」〈전축甸祝〉에는 "사시四時의 사냥을 할 적에 푯말을 세워둔 곳에서 맥제貊祭를 지낼 때 전축은 축호祝號를 담당한다(甸祝掌四時之田 表貊之祝號)"라는 기록이 있다.

여기의 맥貊자에 대한 주석에서도 정현은 역시 "'백이소사百爾所思'의 '백'으로 읽어야 한다."는 두자춘杜子春의 설을 인용하고 있다. '백이소사百爾所思'는 『시경』「국풍 용풍國風鄘風」〈재치載馳〉에 나오는 말로 "백방 즉 여러 가지 방법으로 생각을 해 본다."는 뜻이다.

중국의 역대 다른 학자들은 다 맥貊을 해석할 때 맥貊자의 뜻을 풀어서 그 의미를 설명하려고 하였다. 그런데 유독 정현은 맥貊자

의 의미가 아니라 그 발음에 주목하면서 '맥'이 아닌 '백'으로 읽어야 한다고 강조한 것은 그가 맥족의 동이문화東夷文化에 대한 조예가 깊었던 것과 관련이 있다고 본다.

정현鄭玄은 중국을 대표하는 한학자漢學者로 지금의 산동성山東省 고밀현高密縣에서 태어나 산동성 청도靑島 노산嶗山 부근의 불기산不其山 밑에서 강성서원康成書院을 세우고 일생을 저술과 제자 양성에 몰두하며 지냈다.

불기산不其山은 동이족의 하나인 내이萊夷가 춘추시대까지 활동하던 지역이다. 『청도유적靑島遺跡』에는 불족不族 즉 밝달족과 기족箕族 즉 기자족이 여기서 활동한 데서 그러한 명칭이 유래했다고 소개되어 있다. 불기산은 지금은 철기산으로 명칭이 바뀌었다.

산동성 청도의 불기산 일대는 정현이 태어나서 활동했던 후한시대에는, 비록 중국 땅에 편입되어 있었지만 본래 수천 년 동안 동이족이 생활하던 근거지였다. 그는 여기서 동이의 역사와 문화에 대해 풍부한 식견을 쌓을 기회가 있었을 것이다. 그렇기 때문에, '맥貊'은 바로 '백百'의 음을 한자로 적은 것이며 한자 '맥족'

은 바로 우리말 '밝닭족'을 가리킨다는 사실을 분명하게 알고 있었던 것이다.

우리는 그동안 우리 민족이 예족·맥족·한족으로 구성되어 있다고 말하면서도 여기서 말하는 맥족이 정작 우리 밝달민족과 어떤 관계가 있는지 그 정확한 내막을 알 길이 없었다.

그런데 이제 병신兵神 치우蚩尤에게 지냈던 맥제貊祭에 대한 서주 시대 『주례』의 기록과 '맥제'를 '박제'로 해석한 한漢나라 정현의 주석을 통해서 맥貊은 곧 밝이며, 맥족은 곧 밝달족이라는 확실한 문헌적 근거를 확보하게 된 것이라고 하겠다.

예맥족濊貊族 그들은 누구인가

중국 강서성 출신으로 대만대학台灣大學 역사학과를 졸업하고 중앙연구원 민족학연구소장을 역임했던 문숭일文崇一은 「예맥민족과 그 문화」라는 훌륭한 저술을 남겼다.

한국인은 예맥민족의 후예이다. 하지만 현재 한국에는 예맥족에 대한 체계적인 연구는 거의 없다. 논문다운 논문 한편 찾아보기 힘든 것이 솔직한 현실이다. 이런 상황에서 방대한 사료史料를 바탕으로 예맥의 민족과 문화의 근원을 체계적으로 정리한 문숭일의 논문은 가위 예맥사濊貊史 연구의 한 획을 그은 역작이라 해도 과언이 아니다. 문숭일은 「예맥민족과 그 문화」라는 글의 서문에서 다음과 같이 썼다.

내가 생각하기에 예맥민족은 '조이鳥夷' 민족과 연결시켜 이해하는
것이 비교적 합당할 것이다. 예맥족은 오랜 역사를 지닌 민족이며
동시에 또한 강대한 민족이기도 하였다. 한漢나라 초기에 중국의
북쪽 지역(섬서성 · 산서성 · 하북성의 북쪽)과 황해 · 발해연안(조
선반도를 포괄)에 모두 그들의 족적足跡이 있었다.

그들은 일찍이 자신들의 피와 땀으로 이 일대의 황무지를 개척하
였는데, 그것보다 빠른 서한西漢 이전의 시기에는 조이鳥夷민족(새
토템 집단)의 한 갈래로서 소호씨少皞氏 족에 속해 있었다.

순舜임금과 그리고 은殷나라와는 혈통적으로 매우 밀접한 관계에
있었다. 동이東夷 집단 중의 기타 각 민족들과도 많게 혹은 적게 혈
연관계를 유지하였다.

사전史前의 흑도문화黑陶文化시기로부터 유사有史시대에 이르기까지
저들은 하나의 일괄된 맥을 유지하며 발전해 왔다. 우리가 만일
저들이 오늘날의 누구인가를 가정하려고 한다면 그것은 너무나도
어려운 일이다. 왜냐하면 역사상에서 볼 때, 민족의 혼합사건은
오늘날에 이르기까지 이미 한두 번에 그치는 것이 아니기 때문이
다.(文崇一「濊貊民族及其文化」『中國古文化』東大圖書公司, 1990, pp. 233~234)

▲ 산동성 곡부에 있는 사당에
　모셔진 소호금천씨의 신주

▲ 산동성 곡부에 있는 순임금의 사당.

문숭일은 예맥민족을 상고시대 소호씨少皞氏의 조이鳥夷 계통에 속하는 민족으로 보았다. 소호씨는 태호 복희씨太昊伏羲氏와 함께 동이족 시조의 한분으로 여겨지는 분으로 중국 역사의 출발점에 해당한다.

그리고 문숭일은 맥족은 순舜임금이나 은殷나라와는 정치적·문화적으로가 아닌 "혈통적으로 매우 밀접한 관계에 있었다."라고 말했다. 이는 예맥민족이 순 또는 은과 동일한 민족이었음을 의미한다.

또한 그는 예맥족을 황해·발해연안은 물론 오늘날의 섬서성·산서성·하북성 북쪽에 이르는 광대한 지역에 걸쳐서 활동했던 강대한 민족으로 간주했다.

▲ 산동성 곡부의 소호릉기념관에 모셔진 복희씨의 초상화. 우리의 태극기를 닮은 그림을 들고 있는 모습이 인상적이다.

오늘날 민족사학자가 고대에 우리 민족이 산동반도·요동반도·한반도를 포함하는 광범위한 지역에서 활동했다고 말하면, 식민사학에 오염된 강단사학자들은 이러한 의견에 대해 국수주의에 빠진 재야사학자의 잠꼬대쯤으로 치부한다.

그렇지만 중국의 역사학자 문숭일은 "예맥민족은 중국민족의 출발점에 해당하는 조이민족의 시조 소호의 후손이고, 동양사회에서 문명을 연 지도자로 일컬어지는 순임금과 또 고고학적으로 증명된 중국의 첫 국가인 은나라와는 혈통이 같은 종족이며, 중국의 산서성·하북성 일대 북방과 황해·발해 유역에서 활동한 강대한 민족이었다."라고 말했다. 이것은 민족사학자들의 주장이 과장이 아니라 역사적 사실임을 입증하는 주요한 근거가 된다.

다시 말하면 예맥민족은 중국 역사문화에서 아류가 아니라 그
것을 창조하고 개척한 주체요 주인이었다. 그리고 그 적통을 오늘
에 계승하고 있는 것이 바로 우리 한국인인 것이다.

그런데 문숭일은 오랜 역사를 지닌 강대한 민족이었던 고대의
예맥민족이 오늘날의 누구인가를 가정하기는 너무나 어려운 일이
라고 하면서 말꼬리를 흐렸다. 문숭일이 예맥민족이 바로 한국인
의 조상이라는 사실을 숨기고 직접 말하기를 꺼린 이유가 무엇일
까. 그것은 혹시 그토록 위대한 혈통을 계승한 민족이 중국인이
아니라 한국인이었기 때문은 아니었을까.

중국 근현대 역사학계의 태두泰斗인 여사면呂思勉(1884-1957)은
『중국민족사中國民族史』에서 맥족에 대해 다음과 같이 설명했다.

맥족은 동양역사상에서 한족漢族을 제외하고는 이 민족의 정도程度
가 가장 높았다. 옛 '동방의 군자의 나라' 라고 지칭했던 것은 바로
이 맥족을 가리켜서 말한 것이다.

고대의 맥족들은 요녕성·열하성熱河省(청나라 때 설치한 성, 현재의 요녕성과 하북성 사이)·하북성의 사이에서 거주하였다. 그러다가 연燕나라가 5군郡(상곡上谷·어양漁陽·우북평右北平·요서遼西·요동遼東)을 개척한 이후로부터 발전하여 동북 지방에 도달하였다. 이 민족에서 갈려나간 분지分支가 건국한 나라로 지금 길림성 서쪽 지역에 부여夫餘가 있었다. 조선반도쪽으로 남하한 이 민족은 고구려와 백제로 나뉘어졌다. 부여는 3세기 초에 멸망했는데 고구려·백제는 날로 더욱 창대하여 끝내 반도의 주인이 되었다. 이 민족의 문화가 은나라와 아주 유사한데 그것은 기자箕子의 영향을 받은 것이다.

고대의 조선은 결코 한반도에 있을 수가 없었다. 대체로 연나라의 개척에 의해서 동쪽으로 발전해 나아간 것이다.(呂思勉「總論」『中國民族史』中國大百科全書出版社, 1987. p. 3)

여사면呂思勉은 "동양역사상에서 한족漢族을 제외하고는 맥족이 가장 수준이 높은 민족이었다."라고 말했는데 그가 한족에 대해 설명한 것을 보면 이런 내용이 나온다.

한족이 중국의 광대한 영역을 소유한 것은 진秦·한漢이 남월南越

을 평정하고 서남이西南夷를 개척한 시기에 결정되었다.(呂思勉「總論」

『中國民族史』中國大百科全書出版社, 1987, p. 1)

이것은 동양역사상에서 한족이 중국의 지배세력으로 등장한
것은 진나라 · 한나라 이후부터라는 의미가 된다. 그렇다면 진 ·
한 이전 동양역사상에서 가장 수준이 높았던 위대한 민족은 맥족
이었다는 논리가 되는 것이다.

물론, 여사면은 한족漢族을 위주로 중국민족사를 기술하는 가운
데 부차적으로 맥족을 언급하였으므로 그의 견해에 전적으로 동
의하기 어려운 부분도 있다. 그러나 문숭일文崇一이 "오랜 역사를
지닌 강대한 민족이었던 고대의 예맥민족이 오늘날의 누구인가를
가정하기는 너무나 어려운 일이라"고 말꼬리를 흐리며 예맥족이
우리 밝달민족이라는 사실을 감춘 것과 달리, 여사면은 예맥족의
후예가 바로 고조선 · 부여 · 고구려 · 백제로 이어진 우리 한국인
의 조상임을 언급한 것은 매우 중요한 의미가 있는 것이다.

특히 여사면이 "고대 조선은 결코 한반도 안에 있을 수가 없었

다. 대체로 연나라의 개척에 의해서 동쪽으로 발전해 나간 것이다."라고 한 것은 주목할 만한 대목이다.

이것은 전국시대 연나라 진개秦開의 간교한 계략에 의해 서쪽 강역을 상실하기 이전까지 고조선은 한반도 안에 있지 않았다는 것을 증명하는 내용이다. '대동강 낙랑설'을 중심으로 반도사관에 빠져 있는 한국의 강단사학자들이 귀담아 들어야 할 내용이 아닐 수 없다.

우리 밝달민족이 지난날 동아시아의 역사문화를 창조한 주역으로서 한족과 함께 중국 대륙을 지배한 위대한 민족이었다는 주장은 국수주의자의 잠꼬대나 민족주의자의 자화자찬이 아니라 중국의 권위 있는 역사학자들도 이미 인정한 엄연한 역사적 진실인 것이다. 단지 아직도 일제 식민사학의 잔재에서 벗어나지 못하고 있는 한국의 일부 강단사학자들만이 이를 부정하고 있을 뿐이다.

예濊와 맥貊은 어떻게 다른가

예濊와 맥貊이 원래 하나의 부족이었는지 아니면 두 개의 부족이었는지에 대해서는 논란이 있다. 일본의 백조고길白鳥庫吉과 지내굉池內宏, 중국의 김육발金毓黻, 대만의 문숭일文崇一 등은 예와 맥이 동일민족이라고 주장하였다. 예컨대 문숭일은 다음과 같이 말하였다.

예는 처음에는 아마도 맥의 한 부락이었을 것이다. 그런데 뒤에 이들이 강대해져서 왕왕 단독적으로 행동을 전개하였을 것이고, 그래서 중국인들이 이들을 예濊라고 지칭하였을 것이다. 『수경주水經注』에 따르면 예수濊水와 예읍濊邑이 있다. 이것이 예인濊人들로 인해서 이런 명칭이 붙여진 것인지 아니면 맥인貊人들이 그 지역에 거주함으로 인해서 예濊라고 부르게 된 것인지 그 내막을 알 길이 없지만, 이는 마치 고구려 사람들이 소수小水 부근에 거주함으로 인해서 소수맥小水貊이라 지칭한 것과 동일한 경우인 것이다. (文崇一

「濊貊民族及其文化」『中國古文化』東大圖書公司, 1990, p. 240)

이에 반하여 일본의 삼상차남三上次男, 중국의 능순성凌純聲·곽말약郭沫若 등은 예맥을 각기 다른 두 개의 민족으로 보았다. 예를 들어 곽말약은 "예濊와 발發은 분명히 두 개의 민족이다. 발發과 맥貊은 발음이 더욱 근사하다. 아마도 발發이 바로 맥貊일 것이다."라고 하였다.

예와 맥을 아울러 호칭한 것은 춘추시대의 기록인 『관자管子』 「소광小匡」에 최초로 나온다. 제환공齊桓公이 "북쪽으로 고죽·산융·예맥에 이르렀다. (北至孤竹山戎穢貊)"라고 한 부분이 그것이다.

그리고 『사기史記』「화식열전貨殖列傳」과 「흉노전匈奴傳」에도 예맥에 관한 기록이 보인다.

그러나 맥貊에 관한 기록은 『상서尚書』「무성武成」의 "화하만맥華

夏蠻貊", 『시경詩經』「비궁 閟宮」의 "회이만맥淮夷蠻貊"을 비롯해서 춘추시대 이전의 여러 기록들에 나타난다.

예와 맥을 아울러 호칭한 것은 춘추시대에 이르러 비로소 보이는데 반하여 맥에 관한 기록은 춘추시대 이전부터 여러 문헌에 나온다는 것은 맥이 예보다 앞서 존재했다는 것을 말해준다. 그리고 훗날 예가 맥과 함께 예맥으로 병칭되었다는 점에서 맥에서 예가 분파되어 나온 일파라는 사실을 알 수 있다. 그러므로 예와 맥을 각기 다른 두 개의 민족으로 본 능순성凌純聲 · 곽말약郭沫若 등의 견해에 대해서는 찬동할 수가 없는 것이다.

조선의 실학자 다산 정약용은 예를 지역명, 맥을 민족명으로 보기도 하였다. 그러나 다산의 견해에 대해서도 역시 동의할 수가 없다. 왜냐하면 『상서』와 『시경』에 '만맥蠻貊'에 관한 기록이 나오고, 『묵자墨子』「겸애편兼愛篇」과 『순자荀子』「강국편 強國篇」에 '호맥胡貊'에 관한 기록이 나오는데, 이때 맥貊과 병칭한 만蠻과 호胡는 모두 지역명칭이 아니라 만족 · 호족을 가리키는 민족명칭인 때문이다. 왜 유독 예맥濊貊의 예濊만 지역명칭이 될 수 있겠는가.

그리고 『수경주水經注』에는 지금 중국 하북성 평산현平山縣 서북 쪽에 있었던 예수濊水와 예읍濊邑에 관한 기록이 나오는데, 정다산의 주장에 따르면 이 예濊 지역에 있던 맥족들을 예맥이라 지칭했다는 논리가 된다.

그러나 맥족은 어느 한 지역에 국한되지 않고 중국의 광범위한 지역에 걸쳐서 있었다. 어찌 유독 하북성 평산현의 예수 유역에만 맥족이 있었다고 말할 수 있겠는가. 따라서 예는 지명이고 맥은 민족명이라는 정다산의 견해는 성립될 수가 없는 것이다.

결국 예와 맥은 동일계통의 민족으로 예는 맥에서 갈려나간 여러 지파 중에 가장 대표성을 띤 민족이었으며, 그래서 처음에는 맥이 독자적으로 지칭되다가 나중에는 예와 맥을 병칭하게 되었다고 보는 것이 합리적인 견해라고 하겠다.

예맥족濊貊族과 동이족東夷族

갑골문甲骨文에서는 이방夷方을 가리켜 인방人方이라고 하였다. 금문金文에서도 이夷자를 때로는 인人으로 썼다. 이것은 이夷가 곧 인人의 다른 표현으로 고대사회에서는 인人자와 이夷자가 통용되었다는 사실을 알려준다.

고대 문헌에서 이夷자의 용례를 살펴보면 먼저, '사이四夷'가 있다. 예컨대 『서경書經』의 "사이좌임四夷左衽", 『시경詩經』의 "사이교침四夷交侵", 『주관周官』의 "사이팔만四夷八蠻" 등이 그것이다.

화하족華夏族 이외의 사방四方의 이민족異民族에 대한 범칭으로 사용된 것이 사이四夷인데, 이는 이夷를 공간적으로 지칭한 용어라고 할 수 있다. 그리고 『상서尚書』의 "통도어구이팔만通道於九夷八蠻", 『논어論語』의 "자욕거구이子欲居九夷"에서 보는 바와 같이 사이四夷와 함께 '구이九夷'라는 용어가 사용된 것을 알 수가 있다. 이는 사이四夷가 이夷의 활동무대를 중심으로 한 공간적 표현이라면 구이九夷는 그들의 종족을 중심으로 한 민족적 표현으로 구분해 볼 수 있을 것이다.

『후한서後漢書』「동이전東夷傳」의 기록에 따르면 "이夷에는 9개의 종류가 있는데 견이畎夷·우이于夷·방이方夷·황이黃夷·백이白夷·적이赤夷·현이玄夷·풍이風夷·양이陽夷이다"라고 하였다. 구이九夷는 즉, 이夷를 민족적 차원에서 구체적으로 가리키는 개념인 것이다.

이夷는 9개의 민족 집단으로 구성되어 있어 구이九夷로 지칭되기도 하고 또 사방에 널리 분포되어 생활함으로 인해서 사이四夷로 지칭되기도 한 것을 미루어 본다면, 고대사회에서 이夷는 민족적으로나 공간적으로 아주 강대한 세력과 영향력을 지닌 집단이었음을 미루어 짐작하기에 어렵지 않다.

그러면 이夷와 맥貊은 어떻게 구별되는 것인가. 정현鄭玄은 『정지鄭志』에서 "맥은 이맥의 사람이다.(貊 夷貊之人也)" "구맥은 바로 구이이다.(九貊卽九夷)"라고 하였다. 이것은 이夷와 맥貊을 동일한 존재로 본 것이다.

이夷와 맥貊은 일반적으로 말하면 동일한 개념의 범주에 속한다. 하지만 사실상 구체적으로 들어가면 그 내용상에 차이가 존재한다. 구체적인 차이란 무엇인가. 이夷는 민족의 개념으로 그리고 맥貊은 종족의 개념으로 설명할 수 있지 않을까 한다.

민족과 종족은 언뜻 보기에 비슷한 것처럼 보이지만 본질상에서는 매우 큰 구별이 있다. 종족은 혈통상의 관련성을 지적한 것이고 민족은 문화상의 유사성을 지칭한 것이다. 종족은 체질상의 명사이고 민족은 문화상의 명사이다.

하나의 종족은 시간이 오래 흐르다 보면 무수한 민족으로 분파하게 된다. 그래서 하나의 종족 안에는 무수한 민족을 포함하게 된다.

맥貊이라는 하나의 종족이 동북의 밝달에서 출발하여 9개 민족으로 분파되어 구이九夷가 되었고, 다시 사방의 동·서·남·북으로 퍼져나가 사이四夷 즉 사방의 동이東夷 민족을 형성하게 되었다. 그런 점에서 맥貊은 종족명이고 이夷는 민족명인 것이다.

맥貊과 이夷는 일반적으로는 동일한 범주에 속하지만 구체적으로 말하면 예맥濊貊은 혈통적 동질성을 위주로 말한 것이고 동이東夷는 문화적 동질성을 위주로 말한 것이 되는 것이다.

밝달민족의 활동무대

교육부에서 펴낸 우리나라 고등학교 『국사교과서』를 살펴보면 우리민족의 활동무대와 관련하여 다음과 같이 기록되어 있다.

우리 조상들은 대체로 중국 요녕(랴오닝)성, 길림(지린)성을 포함하는 만주지역과 한반도를 중심으로 한 동북아시아에 넓게 분포하여 살고 있었다.

교육부에서 펴낸 『국사교과서』를 비롯하여 기타 다른 개인출판사들도 여러 가지 다양한 역사 교과서들을 간행하고 있는데, 이중 고대 우리 민족의 활동범위를 하북성이나 산동반도를 포함하여 서술한 교과서는 단 한권도 없는 실정이다.

중국의 고대 문헌에서 기록을 살펴보면 맥족貊族은 만맥蠻貊·호맥胡貊·추맥追貊·이맥夷貊·북맥北貊·예맥濊貊·해맥奚貊·양맥梁貊·갈맥羯貊 등 다양한 이름으로 나타나는 것을 볼 수 있다.

이처럼 맥족貊族이 다양한 이름으로 고대 문헌상에 두루 나타난다는 것은 맥족貊族의 활동범위가 그만큼 광대했었다는 것을 의미한다.

관련 자료를 중심으로 그들이 활동하는 가운데 남긴 역사적 발자취를 더듬어 보자. 먼저, 『순자荀子』「강국편强國篇」에는 "지금 진나라가…… 북쪽으로 호맥과 이웃하고 있다.(今秦……北與胡貊爲隣)"라는 부분이 있다.

또한 『전국책戰國策』「진책秦策」에는 "진나라가…… 북쪽에는 호맥·대 땅에서 생산되는 말을 활용함이 있다.(秦……北有胡貊代馬之用)"라고 기록되어 있다.

진秦나라는 오늘날의 섬서성陝西省 지역에 있었다. 진나라의 북쪽 즉, 오늘날의 섬서성 북쪽에 맥貊(호맥)이 있었다고 할 때, 그 맥貊은 중국 대륙 서북쪽에서 활동하던 맥貊이라는 것을 말해 준다.

호맥胡貊은 진시황이 중국을 통일하던 시기를 전후하여 섬서성과 산서성의 북쪽에서 활동했다는 기록이 『전국책戰國策』·『사기史記』·『한서漢書』 등 여러 기록에 등장하는 것으로 보아 이들은 당시에 중국의 서북쪽에서 상당히 강대한 세력을 형성하고 있었음을 알 수 있다.

『관자管子』「소광小匡」에는 "북쪽으로·산융·고죽·예맥에 이르렀다.(北至山戎孤竹穢貊)"라는 기록이 있다. 고죽孤竹과 산융山戎은 오늘날의 하북성 동쪽 노룡현盧龍縣·천안시遷安市 일대에 있었다. 이 자료는 맥족貊族이 산동성 북쪽·하북성 동쪽 즉 중원의 동북쪽에서 활약한 사실을 일러준다.

『사기史記』「연세가燕世家」에는 "연나라가 북쪽으로 만맥과 맞닥뜨리고 있다.(燕北迫蠻貊)"라는 구절이 나온다. 전국시대 연燕나라는 하북성 중남부에 수도가 있었으므로, 연燕나라가 북쪽으로 맥貊과 맞닥뜨리고 있었다는 것은 당시에 맥족貊族이 중원의 북쪽에 거주하고 있었던 사실을 알려준다.

『산해경山海經』「해내서경海內西經」에는 "맥국이 한수의 동북쪽에 있는데 지역적으로 연나라와 가깝다.(貊國在漢水東北 地近於燕)"라고 되어 있다. 이 기록을 통해서 우리는 연燕나라와 가까운 동북지역에 맥국貊國이 존재하고 있었음을 알 수 있다.

정현鄭玄의 『정지鄭志』에는 "구맥은 바로 구이로서 동방에 있었다.(九貊卽九夷 在東方)"라는 기록이 나온다. 이는 맥족貊族이 오늘의 산동성·강소성 일대의 동쪽에 거주하고 있었던 사실을 말해 준다.

이상의 기록을 바탕으로 검토해 본다면, 맥족貊族은 고대로부터 중국대륙의 광활한 지역을 무대로 활동해 온 웅대한 민족임을 알 수 있다.

그렇다면 이들 맥족은 중국의 토착민이었을까 아니면 다른 지역에서 이동해온 이주민이었을까.

중국의 한족들은 서방에서 중국으로 이동해 왔다는 설이 있다. 그 설은 한동안 유행하여 중국의 교과서에 실리기까지 하였다.

그러나 사료상에서, 중국의 북방·서북방·동방·동북방의 광활한 지역에 널리 분포되어 생활한 맥족貊族이 다른 지역에서 중원으로 이주해 온 흔적은 찾아볼 수 없다. 따라서 이들은 드넓은 대륙을 동서로 누비며 활동한, 중원의 토착민이었다고 보는 것이 타당하다.

맥족貊族의 시원

맥족의 기원, 즉 맥족이 첫 걸음을 시작한 최초의 발상지에 대해서는 지금까지 대체로 두 가지 설이 존재한다. 하나는 북방에서 출발하여 차츰 동쪽으로 옮겨갔다는 설이고, 다른 하나는 동북방에서 출현하여 차츰 중국의 동해안쪽으로 이동해갔다는 설이다.

고대 문헌에서 살펴보면 맥족貊族에 대한 최초의 기록은 "백민白民"·"북발北發"·"발인發人"·"박인亳人" 등으로 나타난다.

『산해경』에 말한 "백민白民", 『사기』「오제본기」에 말한 "북발北發", 『관자』에 말한 "발조선發朝鮮"의 "발發"이 예맥족 이전 예맥의 원뿌리로서 존재했던 맥족의 원류라고 본다. 즉 최초의 "백민白

民"·"발發"·"북발北發"이 나중에 "맥貊"·"맥貃"·"맥貉" 등으로 표기되었고, 다시 이들 '맥貊'이 발전하여 예맥濊貊이 되었으며, 이 예맥濊貊에서 다시 만맥蠻貊·호맥胡貊·북맥北貊·이맥夷貊·양맥梁貊·해맥奚貊·갈맥羯貊 등이 분파되어 나온 것이라고 하겠다.

그러면 이들 맥족貊族의 원조 격인 "백민白民"·"발發"·"북발北發"의 발상지는 과연 어디인가. 동북방 발해만 부근의 진한시대에 요서군이 설치되었던 지역이라고 본다. 무엇으로 그것을 증명할 수 있는가.

이는 『관자』와 『산해경』의 기록들이 입증해준다. 『관자』에서는 춘추시대이전 상고시대에 발조선發朝鮮이 있었다."라고 말했는데 그 위치가 어딘지를 설명하지는 않았다. 그런데 『산해경』에서는 "동해의 안쪽, 발해의 모퉁이에 나라가 있으니 그 이름을 조선이라 한다.(東海之內 北海之隅 有國 名曰朝鮮)"라고 하여 『관자』에 말한 '발조선'이 바로 발해만 일대 요서지역에 있었던 사실을 뒷받침하고 있다.

즉, 발해만 일대 요서지역에 있던 이 "발조선發朝鮮"의 '발'이 '밝달'이고 이들이 바로 '밝달민족'으로서 예맥족 이전에 있었던 맥족貊族의 근원이 되는 것이다. 이는 강물로 비유하면 발원지가 되는 것이고, 나무로 말한다면 뿌리가 된다고 하겠다.

고대 문헌에서의 백白·백百·발發·불不·박亳 등은 우리 말 '불'·'발'·'밝'의 한자표기이고, 우리 말 '불'·'발'·'박'은 '밝'과 동일한 말이다. 즉, 우리 '밝달민족'은 상고시대에 내몽고 적봉시의 요서 사해유적과 홍산문화 유적에서 활동할 때, 백민白民·발인發人·박인亳人 등으로 호칭되었고, 이들은 나중에 맥貊·맥貉 등으로 표기되었다. 또한, 이들은 발전하여 하북성 남쪽 역수易水(예수濊水: 중국발음에서 역易과 예濊가 유사함)유역으로 이동해 가서 예맥濊貊을 형성하였으며, 이러한 예맥濊貊을 기원으로 하여 훗날 동서남북의 다양한 예맥족들이 분파된 것이라 하겠다.

우리는 위에서 맥족의 최초 발상지가 동북의 요서지방이라는 것을 문헌학적으로 증명할 수 있었다. 그렇다면 그러한 사실은 과연 고고학적으로도 증명이 가능한가.

내몽고 적봉시에서는 동아시아문명의 서광으로 일컬어지는 '홍산문화' 유적이 발굴되었다. 홍산문화는 단壇·묘廟·총冢 으로 상징된다. 홍산문화 유적의 하늘에 제사 지내는 천제단, 여신을 모시는 사당, 그리고 적석총, 이는 중국 고고학계의 태두 소병기蘇秉琦 등에 의해 건국 전야의 유적으로 판명되었다.

중국 전 지역을 통틀어서 이처럼 5천 년 전 건국을 상징하는 유적이 발굴된 곳은 동북방의 발해 모퉁이에 있는 홍산문화 유적이 유일무이하다.

고고학이 오늘날처럼 발달하기 이전에는 중원의 앙소문화仰韶文化가 중국문명을 대표하는 문화로, 황하의 상·중류가 중국문화의 발상지로 여겨졌다. 그러나 단壇·묘廟·총冢과 같은 고고유물의 발굴을 통해 동북방의 홍산문화가 동양 역사문화의 발원지라는 것이 입증되었다.

그러면 저 드넓은 대륙 안에서 유독 동북방의 요서 홍산紅山 지역에서 동아시아 문명의 서광曙光이 먼저 열리게 된 배경은 무엇인가. 이 지역은 오늘날의 내몽고 남쪽, 하북성 동쪽으로 농경과 수렵이 동시에 가능하다.

북쪽으로 올라가면 초원이 있고 서쪽으로 들어가면 농경지대가 있으며 남쪽으로 내려가면 발해만이 있어 농경과 목축과 수렵이 동시에 가능한, 드넓은 중국대륙에서 가장 살기 좋은 천혜의 땅이다.

이 살기 좋은 천혜의 땅에서 농경을 위주로 하고 거기에 곁들여 수렵을 병행하여 다른 지역보다 물질적 생활에 풍요를 누릴 수 있었고, 이런 좋은 경제적 조건을 바탕으로 선진적인 문화가 발달하였다. 따라서 중원이 아닌 이곳 동북방 요서에서 동아시아문명의 서광이 최초로 빛을 발하게 된 것이다.

그러면 이곳 동북방 요서지역에서 홍산문화를 일군 주역은 과연 누구였는가. 그들은 바로 토템으로 말하면 하늘을 자유롭게 비상하는 새를 숭배한 조이鳥夷였고 종족으로 말하면 백민白民 · 발인發人 · 박인毫人 이었다.

이들은 뒤에 중국의 사가들에 의해 맥貊·맥貃·맥貉 등으로 호칭되었고, 이들이 분파되어 예맥족濊貊族을 형성하였다. 이들의 후예가 바로 고조선·삼한·부여·고구려·백제·신라로 이어진 혈통을 계승한 오늘의 한국인인 것이다.

동해의 안쪽 발해의 모퉁이에 나라가 있으니 그 이름을 조선이라 한다(東海之內 北海之隅 有國 名曰朝鮮)

내몽고 남쪽 하북성 동쪽 발해의 모퉁이 발해만 부근을 중심으로 건국한, 『산해경山海經』에 나오는 이 조선朝鮮이 바로 『관자管子』에 나와 있는 발조선發朝鮮이다. 발조선은 곧 발인發人의 조선朝鮮이고, 발인의 조선朝鮮은 곧 밝달족의 조선이다. 단군조선檀君朝鮮·발조선發朝鮮은 밝달조선의 한자표기이므로 우리말 밝달조선과 의미가 같은 동의어인 것이다.

부사년傅斯年은 『동북사강東北史綱』에서 동북에서 출발한 상商나라를 중국 역사의 출발점으로 간주하고 다음과 같이 말하였다.

상나라의 일어남은 동북으로부터 왔고 상나라는 멸망하자 동북을 향해 떠나갔다. 상나라는 중국 역사의 제 1장이 되고 또한 곧 동북 역사의 첫 페이지가 되기도 한다(商之興也 自東北來 商之亡也 向東北去 商 為中國信史之第一章 亦卽為東北史之第一葉)

동북방에서 출발하여 '박毫'에 도읍한 상나라는 민족을 따져보면 맥족貊族, 즉 '밝달족'으로 우리와는 동족지간이다. 밝달족이 발해의 모퉁이 동북방 요서에서 세운 첫 국가가 고조선이고 이들이 나중에 중원으로 진출하여 건립한 나라가 상나라이다. 동북방의 밝달민족, 이들은 동이사東夷史의 주역일 뿐만 아니라 중국 역사의 첫 페이지 또한 이들에 의해서 장식되었던 것이다.

동아시아 민족은 모두 맥족貊族의 후손

　『서경』「우공禹貢」의 기록을 살펴보면 당시 동이東夷의 분포지역
은 제왕의 도읍지인 기주冀州를 위시해서 청주青州 · 서주徐州 · 양주
揚州 등지에 이르기까지 중국의 동방 · 동북방 · 서북방 · 동남방을
모두 포괄했다.

　『후한서後漢書』에는 구이九夷의 하나로 견이畎夷가 나오는데, 견이
는 서북방, 곧 오늘날의 섬서성 지역에 있던 동이東夷의 명칭이다.
『맹자』에는 "문왕이 곤이를 섬겼다.(文王事昆夷)"라는 구절이 있다.
맹자가 말한 곤이昆夷는 바로 이 견이畎夷의 다른 표기이다. 이렇
듯, 진秦 · 한漢 이전 동이東夷의 활동무대는 회하淮河유역 · 황해 · 발

해연안은 물론, 산서성·섬서성의 북방까지 전 중국을 거의 포괄하였다.

사마천의 『사기史記』「천관서天官書」에는 "진·초·오·월은 이적이다.(秦楚吳越 夷狄也)"라는 기록이 나온다. 진秦은 오늘날의 섬서성 지역으로 중국의 서북방에 있었고 초楚는 오늘날의 호북성·호남성 지역으로 중국의 서남쪽에 있었으며 오·월吳越은 오늘날의 강소성·절강성 지역으로 중국의 동쪽에 있었다.

사마천이 "진·초·오·월은 이적夷狄이다."라고 표현한 것을 본다면 이夷는 중국의 서한시대까지도 동방·동북방뿐만 아니라 서방·남방 등 사방에 두루 분포된 민족의 통칭이었던 것이다.

한편, 능순성凌純聲은 "고대의 이夷는 연해沿海지역의 맥족貊族과 월족越族 두 민족의 통칭이다."라고 했다. 여기서 능순성은 고대의 이夷를 맥족貊族과 월족越族으로 구분하였는데 월족越族은 맥족貊族과 다른 별개의 종족이 아니라 맥족貊族이 남방으로 이동해 가서 남이南夷 즉 월족越族이 된 것으로서 그 근원을 따져보면 역시 맥족貊族

의 범주에 포함된다.

그러므로 능순성은 다시 다음과 같이 말했다.

> 무릇 해변(海濱)에 거주한 사람들은 모두 이夷라고 호칭할 수 있다.
> 동방에 있으면 동이東夷라 호칭하고 남방에 있으면 남이南夷라 호
> 칭했다.

즉, 동방의 동이족뿐만 아니라 남방의 월족越族들도 동이와 별
개의 민족이 아니라 동이가 남쪽으로 이동해간 남이南夷로서 그들
또한 족속을 따진다면 맥족貊族이 되는 것이다.(凌純聲 「中國古代海洋文化
與亞洲地中海」, 『海外』 제3권 제10기, 民國 43년, pp.7~10)

그리고 정현鄭玄은 『정지鄭志』에서 "구맥은 즉 구이이다.(九貊卽九
夷)"라고 말했다. 구이는 동이의 구체적인 표현인데 정현은 구맥과
구이를 같은 개념으로 간주한 것이다.

정현의 주장에 따른다면 구이 즉 동이는 그 종족을 따지면 모
두 맥족이다. 왜냐하면 여기서 구이의 이는 문화를 가리키는 용어

이고 구맥의 맥은 종족을 가리키는 용어이기 때문이다.

"구맥은 바로 구이(九貊卽九夷)"라는 정현鄭玄의 견해에 의하면 이들 전 중국의 광범위한 지역에 분포되어 생활한 동이는 모두 맥족인 것이다.

그러나 비단 동이족뿐만 아니라 화하족華夏族 또한 그들의 종족을 따져 보면 맥족貊族으로 간주할 수 있는 소지가 있다. 왜냐하면 화하족의 시조로 말해지는 황제黃帝가 그 기원을 동이東夷에 두고 있기 때문이다.

오늘날 황제족黃帝族이 중국의 서방에서 기원했다고 보는 데 있어서 문헌적 근거가 되는 것은 『국어國語』「진어晉語」의 "황제이희수성黃帝以姬水成"이라는 내용이다.

희수姬水는 오늘날의 섬서성 위하渭河 유역으로 고증되고 있는데 그러나 이것은 어디까지나 황제黃帝가 희수姬水에서 성장成長하고 사업을 발전시킨 것을 말한 것이지 황제黃帝가 여기서 태어났다는 의미는 아니다. 한자에서 '생生'과 '성成'이 내포한 의미는 엄연히

산동성 수구壽丘 지도

다르기 때문에 이를 혼동해서는 안 되는 것이다.

　　『제왕세기帝王世紀』에는 "황제는 수구에서 태어나 희수에서 성장했다.(生黃帝於壽丘 長於姬水)"라고 기록되어 있고, 『사기史記』「오제본기五帝本紀」의 〈색은索隱〉과 〈정의正義〉, 그리고 『죽서기년竹書紀年』 등에도 다 "황제가 수구에서 태어났다.(黃帝生於壽丘)"라고 말하고 있다.

　　그렇다면 수구壽丘란 과연 어디인가. 『사기史記』「오제본기五帝本紀」〈정의正義〉에는 "수구壽丘는 노魯나라 동문東門의 북쪽에 있었다. 지금은 연주兗州 곡부현曲阜縣 동북쪽 6리에 있다."라고 하였다.

　　산동성 곡부曲阜는 춘추시대엔 공자孔子의 고향이었다. 그러나 서주西周 이전에는 우이嵎夷·내이萊夷의 활동근거지였고, 오제五帝시대엔 조이鳥夷 소호少昊의 활동무대였다. 즉 황제黃帝시대의 곡부曲阜는 동이 부족이 생활하던 주요 근거지였던 것이다.

▲ 산동성 곡부에 세워진 황제黃帝 의 탄생을 경축하는 기념비

▲산동성 곡부가 황제의 탄생지 임을 설명한 비문

　그런데 황제黃帝가 동이東夷의 터전인 곡부曲阜의 수구壽丘에서 태어났다는 것은 화하족華夏族의 시조 황제가 그 뿌리를 거슬러 올라가면 동이東夷에 근원을 두고 있다는 결과가 되는 것이다.

　산동성 곡부曲阜에는 현재 소호릉少昊陵이 보존되어 있고 그 곳에서 멀지 않은 곳에 수구壽丘가 있으며 여기에 황제黃帝의 유적비가 세워져 있다. 황제黃帝가 성장하고 성공한 곳은 섬서성의 희수姬水, 즉 위하渭河 유역이지만 그가 태어난 곳은 산동성의 수구壽丘라는 것을 이 유적비가 잘 대변해주고 있는 것이다.

▲ 산동성 곡부에 있는 소호릉 입구   ▲ 소호릉, 다른 한족 황제들의 무덤과 달리
　　　　　　　　　　　　　　　　　　소호릉은 적석총 형태로 되어 있다.

　물론 황제黃帝가 곡부曲阜의 수구壽丘에서 태어났다는 주장에 대
해 중국 사학계 일부에서 이의가 없는 것은 아니다. 예를 들어 서
욱생徐旭生은 "곡부曲阜는 소호少昊의 옛 땅인데 황제黃帝가 그곳에서
태어난다는 것은 불가능한 일이다."라고 하였다.(徐旭生『中國古史的傳
說時代』, 科學出版社, 1960, p.41)

　그러나 근래 산동성의 고고 발굴자료에 따르면 황제의 전설시
대와 상응하는 대문구문화大汶口文化의 중기·후기와 용산문화龍山文
化시기 부족들의 취락거점聚落據點이 대량으로 발굴되었다. 그런데
그 가운데 산동지구의 용산문화 유적지에서 발굴된 것만 해도 이

러한 부족들의 취락거점
유적들이 무려 40~50군
데나 되었다. (張學海「東土古

國探索」, 『華夏考古』, 1997. p.1)

▲ 산동성에 있는 대문구문화 유적지 표지석

이것은 그 당시 산동지
역에서 여러 다양한 부족
들이 취락을 형성하고 살았음을 말해주는 것이며 따라서 황제黃帝
부족이 곡부 주위의 수구壽丘라는 동이東夷 지역에서 출생하여 살
았다는 것이 결코 불가능한 일이 아닌 것이다.

그래서 산동성 제남대학濟南大學 역사학과 장위민張爲民 교수는
「황제족원동이설黃帝族源東夷說」이라는 논문을 통해서 "황제족黃帝族
이 동이東夷에서 발원했다."고 주장하였고, "황제족의 발원지와 그
가 장성한 이후의 활동지역을 서로 혼동해서는 안 된다."라고 결
론지었다. (張爲民「黃帝族源東夷說」, 『東方論壇』, 제2기, 2001, pp.73~76)

그리고 당시 황제가 왜 동이東夷에서 발원했는가 하는 문제에

대해서 장위민 교수는

> 문화현상의 하나인 역사전설은 필연적으로 어떤 시기 경제와 문
> 화가 비교적 발달한 지역에서 산생되게 되는데 이것이 바로 부계
> 씨족父系氏族사회의 역사전설이 대체적으로 동방과 관련이 있게 된
> 원인이다.

라고 분석하였다. 즉 상고시대의 부계씨족사회에서는 경제·문화
적으로 중국의 서방보다 동방이 앞서 있었는데, 바로 이것이 동이
지역에서 황제족黃帝族이 발원하게 된 원인이라고 보았던 것이다.

동이족에서 화하족의 시조인 황제가 발원하였을 뿐만 아니라,
동이족은 화하족 즉 원시한족原始漢族을 형성하는 데 있어서도 주
체적 역할을 담당했다.

서욱생徐旭生은 "황제 시대에 황하유역의 주요 거주민으로 서방
의 염황炎黃집단, 동방의 동이東夷집단, 그리고 남방의 묘만苗蠻집단
이 있었다."고 주장하였다. (徐旭生『中國古史的傳說時代』, 文物出版社, 1961, p.4)

서욱생이 제기한 "상고시대에 황하黃河 유역에 거주하던 여러 부락집단들이 융합하여 원시 한족漢族을 형성하였다."라는 주장에 대하여 오늘날 사학계에서 이에 대해 이의를 제기하는 경우는 드문 것 같다.

나기羅驥 · 공홍옥鞏紅玉은 「논한족주체원어동이論漢族主體源於東夷」라는 논문에서 "민족학적 각도에서 볼 때 여러 부족이 융합하여 하나의 민족을 형성하게 되는데 그 가운데 하나의 부족이 주체로 되게 된다."라고 하였다. 그런데 이 원시한족을 형성한 황하유역의 3대 집단들 가운데 문화적 · 인구적 · 지리적 · 실력적 · 언어적으로 가장 우세를 점한 것이 동이東夷 집단이었고 따라서 염황炎黃 집단이 아닌 동이東夷 집단이 원시한족을 형성하는데 주체가 되었다고 보았다.(羅驥 · 鞏紅玉「論漢族主體源於東夷」,『先秦史研究』제19권 1기, 2002, PP.42~43)

나기羅驥 · 공홍옥鞏紅玉은 본 논문의 결론에서 다음과 같이 말하였다.

원시한족은 5개 부족이 융합하여 이룩된 것이다. 주요한 융합공간이 동이東夷지역에 있었다. 동이가 융합과정에 있어서의 여러 방면 예컨대 문화·실력·언어·공간·인구상에서 모두 우세를 점하였고 주도적인 지위를 차지하였다. 원시한족의 주체는 동이東夷가 확실하다.

"구맥 즉 구이九貊卽九夷"라는 정현鄭玄의 주장에 따르면 동이족東夷族은 곧 맥족貊族이 되는 것이다. 그런데 화하족의 시조 황제와 원시한족의 주체가 모두 동이에서 발원하였다고 할 때, 동이족뿐만 아니라 한족漢族 또한 그 종족을 따지면 맥족貊族의 후예라는 결론에 이르게 되는 것이다. 그래서 근대 중국의 역사학자 유절劉節은 『중국고대종족이식사론中國古代宗族移植史論』에서 다음과 같이 말했다.

> 동이족東夷族이나 화하족華夏族을 물론하고 모두 맥족貊族에서 나왔다.(夷也華也 莫不出於貊)

동이족東夷族과 한족漢族을 물론하고 고대 중국의 민족은 종족적으로 볼 때 모두 맥족貊族에 뿌리를 두고 있으며, 맥족을 떠나서 중국의 민족을 이야기할 수 없다는 유절劉節의 파격적인 주장은 얼핏 들으면 터무니없는 황당한 이야기처럼 들린다. 그러나 앞에서 살펴본 여러 기록에 나타난 바에 의하면 유절劉節의 이러한 주장은 터무니없는 주장이 아니라 오히려 정곡을 찌른 탁견이라 할 것이다.

동이족東夷族과 한족漢族의 뿌리인 맥족貊族은 밝달족이며, 우리 한국인은 아침 해가 선명한 밝달에 첫 국가 고조선을 세우고 오늘까지 반만년의 역사를 이어 온 밝달민족의 적자·적손에 해당한다.

그러므로 우리 밝달민족을 일컬어 중국 한족의 소수민족·지방정권 운운하는 동북공정의 논리는 역사의 무지를 넘어 치졸한 배은망덕에 속하는 것이다.

웅대한 밝달민족으로 거듭나야

　오늘날 한민족漢民族은 세계에서 인구가 가장 많은 민족에 속한다. 공식적으로 집계된 숫자만 13.5억이고 세계 각지에 광범위하게 분포되어 있는 비공식적인 숫자까지 모두 합하면 무려 15억에 달한다고 한다.

　그런데 하광악何光岳은 『동이원류사東夷源流史』에서 오늘의 중국민족을 형성한 주체가 동이족東夷族과 서강족西羌族이라는 사실을 다음과 같이 지적했다.

　동이東夷 민족집단과 서강西羌 민족집단이 중화민족中華民族을 구성한 주체이다. 기타의 가령 남만南蠻 민족집단 · 북적北狄 민족집단 · 동호東胡 민족집단 · 백월百越 민족집단 같은 각종 계파의 경우는 그것이 거의가 모두 이들 양대 민족 집단으로부터 분출되어 나온 것이거나 아니면 이 양대 민족집단 중의 어떤 지파가 서로 융합하는 가운데 분출되어 나온 것이다.

그리고 하광악은 "서강西羌 민족의 시조는 염제炎帝 신농씨神農氏와 황제黃帝 헌원씨軒轅氏이고 동이東夷 민족집단의 시조는 태호씨太皞氏와 소호씨少皞氏이다."라고 말했다.

하광악의 견해에 따르면, 오늘날 중국의 한족漢族들이 자신들을 염황자손炎黃子孫이라고 말하지만 사실은 동이족東夷族의 시조 태호씨太皞氏 · 소호씨少皞氏의 후손들과 서강족西羌族의 시조 염제炎帝 · 황제黃帝의 자손들이 중심이 되어 중국민족을 형성한 것으로서, 56개에 달하는 다양한 민족들은 결국 이 양대 민족으로부터 분출된 지류요 지파라는 이야기가 되는 것이다.

그런데 중국민족을 대표하는 이 동이와 서강의 양대 민족 집단은 모두 맥족貊族에서 기원했다고 유절劉節은 말했다. "동이족도 화하족도 모두 맥족에서 나왔다.(夷也華也 莫不出於貊)"라는 유절劉節의 주장은 56개에 달하는 중국의 다양한 민족들 가운데 우리 밝달민족이 얼마나 위대한 민족인가를 한마디로 요약해서 보여준다고 하겠다.

이제 우리의 『역사교과서』는 진·한시대에 한족이 중국역사의 지배자로 등장하기 이전까지 밝달민족은 동양역사 상에서 가장 수준 높은 선진적인 민족이었음을 당당하게 밝혀야 한다.

이제 우리의 『역사교과서』는 밝달민족은 북쪽으로 섬서성·산서성·하북성, 동쪽으로 산동반도, 동북쪽으로 요동반도·한반도의 광범위한 지역에 분포하여 거주하며 동아시아의 역사 문화를 창조한 주역이었다고 당당하게 가르쳐야 한다.

이제 우리의 『역사교과서』는 일제의 식민사학을 계승한 강단사학의 주장이 역사학계의 통설이 되어 교과서에 기재되는 것을 더이상 묵과해서는 안 된다.

한민족이라고 하면 명칭 상에서 벌써 우리 민족의 활동무대가 한반도에 국한된 것 같은 느낌을 받는다. 또 한민족이라고 하면 우리 역사의 전성기가 마치 삼한시대인 것처럼 느껴지기도 하고 우리가 삼한의 후예인 것 같은 느낌을 주기도 한다.

밝달민족은 중국 5천년 역사상에서 역사가 가장 길고 수준이 가장 높았던 민족이었다. 밝달족이 발전하여 동이족이 되었고 한족이 되었다. 지난날 밝달족은 이렇게 위대했다. 이 위대한 밝달족을 우리 민족의 공식명칭으로 『역사교과서』에 기술하여 웅대한 밝달민족으로 거듭나야 한다.

2강

고조선의 장

2강 고조선의 장

구이九夷를 거느린 제국 단군조선檀君朝鮮

고조선은 조이鳥夷의 후예

갈석산 부근에 있었던 요서고조선遼西古朝鮮

하북성 노룡현盧龍縣 조선성朝鮮城은 요서고조선 유적

송宋나라의 평주 노룡현 조선성이 한漢나라의 낙랑군 조선현

기자箕子가 찾아 간 조선은 요서에 있었다

기자조선과 낙랑군 조선현이 대동강 유역으로 옮겨 온 배경

구이九夷를 거느린 제국 단군조선檀君朝鮮

단군조선은 신화로 널리 알려져 있다. 그러나 단군조선은 신화가 아니라 아홉 개의 제후국을 거느린 동아시아 최초의 제국이었다. 그와 같은 근거를 우리나라와 중국의 다양한 기록에서 찾아볼 수 있다.

『사기史記』「오제본기五帝本紀」에는 '발發'과 '조이鳥夷'가 함께 등장한다. 여기서 '발發'은 '밝달'의 땅에 사는 종족을 위주로 말한 것이고 조이鳥夷는 그들이 숭배하는 토템을 중심으로 말한 것이다.

다시 말하면 '발發'은 '밝달'의 땅에 모여 살던 혈통을 같이 한 종족명에 해당하고 조이鳥夷는 이들 '발發' 족들이 숭배하는 토템

즉 문화적 요소를 가리킨 표현인 것이다.

조이鳥夷, 즉 새 토템을 가진 밝달족이 최초로 세운 나라가 환국桓國이다. 여기서 한자 '환桓'은 우리말의 '환하다' '둥글다'는 의미를 내포한 것이다. 태양을 숭배하는 밝달족이 아침 해가 선명한 밝달의 땅에 나라를 세웠기 때문에 나라 이름을 환국이라고 하였다.

동이東夷의 시원, 즉 최초의 동이가 조이鳥夷이고 새 토템을 가진 밝달족 조이鳥夷가 최초로 세운 국가가 환국桓國이었다. 따라서 환인桓因·환웅桓雄은 동이의 뿌리인 조이鳥夷의 시조가 되는 셈이다.

중국 기록에 의하면 동이東夷의 시조로 일컬어지는 인물이 태호太昊와 소호少昊이다. 태호의 태太는 태전太田을 '한밭'이라고 하듯이 '한'을 의미하고 호昊는 밝을 호자로, 태호는 우리 말 '한밝'을 뜻한다. 중국의 기록에 보이는 동이의 시조 '한밝'은 곧 '환인'의 다른 이름이 아닐까. 소호는 태호 즉 '한밝'을 계승하여 환국桓國 다시 말해 밝달국의 지도자가 되었으므로 '밝'에 소少자를 덧붙여

▲ 홍산문화 유적지인 내몽고 자치구 적봉시 부근에 있는 아사하투阿斯哈圖. 화강암 숲이 장관을 이루고 있다. 단군의 도읍지 아사달과는 어떤 관련이 있는 것일까?

소호少昊라고 하였을 것이다.

우리 『삼국유사』에 나오는 밝달족의 시조인 환인桓因·환웅桓雄, 즉 환국의 인천왕因天王과 웅천왕雄天王은 중국의 기록에 동이의 시조로 등장하는 태호와 소호의 다른 표기일 가능성이 높다고

2강 고조선의 장

하겠다.

『관자管子』에는 "발조선發朝鮮"에 관한 기록이 있다. 『관자』에 나오는 '발조선發朝鮮'은 바로 이들 새를 토템으로 하였던 밝달민족이 세운 환국桓國을 발전시켜 건국한 최초의 제국帝國이었다고 본다. 이 발조선 제국이 처음에 도읍을 정한 곳이 아사달阿斯達이고 그 나라 이름은 조선이었다. 아사달은 아침의 땅이라는 우리말을 한자음으로 기록한 것이고 조선은 아침의 땅이라는 우리말을 뜻으로 기록한 것이다.

단군의 고조선古朝鮮을 밝달족이 세운 동아시아의 첫 제국帝國이었다고 보는 근거는 무엇인가. 우리 『조선왕조실록』의 「세종실록」에는 『단군고기檀君古記』가 실려 있다. 거기서 단군의 건국 사실을 다음과 같이 전하고 있다.

단군이 나라를 세우고 이름을 조선이라 하였다. 조선朝鮮·시라尸羅·고례高禮·남옥저南沃沮·북옥저北沃沮·동부여東夫餘·북부여北夫餘·예濊와 맥貊이 모두 단군이 다스리던 나라이다.(檀君立國 號曰朝

鮮 朝鮮 尸羅 高禮 南北沃沮 東北夫餘 濊與貊 皆檀君之理)

　여기서 말하는 "단군지리檀君之理"라는 이理자는 통치統治의 치治
자와 같은 의미로서 조선 · 시라 · 고례 · 남옥저 · 북옥저 · 동부
여 · 북부여 · 예와 맥 아홉 나라가 모두 "단군지리檀君之理" 즉 단
군이 통치하던 나라라는 뜻이다.

　현재 우리의 『국사교과서』는 「국가의 성립」이라는 단원에서
"고조선의 성립이후 만주와 한반도 지역에 부여 · 고구려 · 옥저
· 동예 · 삼한의 나라들이 세워졌다."라고 서술하고 있다. 그러나
『단군고기』의 기록에 의하면 이들 나라들은 고조선 성립이후에
비로소 건립된 것이 아니라 단군조선시대에 이미 설립되어 그 제
후국으로서 존재하였던 것이다.

　『조선왕조실록』에서 인용한 『단군고기』에 "단군조선에 소속되
어 통치를 받던 나라가 아홉 개 나라가 있었다."라고 말한 것을
본다면 단군조선은 환국桓國에서 출발하여 진秦 · 한漢 이전에 이미
제국帝國으로 발전한 동아시아의 첫 제국이었던 것이다.

단군조선을 제후를 거느린 제국帝國으로 설명한 기록이 우리나라의 『세종실록』에만 보이는 것이 아니다. 그러한 내용은 중국 문헌에서도 확인이 가능하다. 중국 명나라 사람 오명제吳明濟가 쓴 『조선세기朝鮮世紀』라는 책에는 단군檀君의 건국사실을 전하면서 "구이군지九夷君之"라고 말하였다.

오명제吳明濟는 단군을 구이九夷들이 모여서 추대한 군주로 설명하였는데 구이九夷란 무엇을 지칭하는 것인가.

중국 문헌에서 구이九夷에 대한 기록을 살펴보면 『후한서』에는 "견이畎夷 · 우이于夷 · 방이方夷 · 황이黃夷 · 백이白夷 · 적이赤夷 · 현이玄夷 · 풍이風夷 · 양이良夷"를 구이九夷라고 하였다.

『논어』「자한편子罕篇」의 "자욕거구이子欲居九夷" 주소注疏에는 "1.현도玄菟, 2.낙랑樂浪, 3.고려高麗, 4.만식滿飾, 5.부유鳧臾, 6.색가索家, 7.동도東屠, 8.왜인倭人, 9.천비天鄙"를 구이九夷라고 말하고 있다.

『후한서』에 보이는 구이九夷와 「논어」 주소에서 말한 구이九夷가 서로 다르다. 이것은 시대에 따라서 구이九夷의 명칭이 달리 호칭되었던 사실을 말해준다.

그렇다면 『조선왕조실록』에서 인용한 『단군고기』의 기록에 보이는 "조선 · 시라 · 고례 · 남옥저 · 북옥저 · 동부여 · 북부여 · 예 · 맥은 단군 건국시기에 활동한 아홉 개의 동이東夷 부족국가, 즉 구이九夷를 가리킨 것이라고 하겠다.

동이의 기원과 변천을 살펴보면 동이는 조이鳥夷에서 시원하였다. 최초에 밝달족 조이鳥夷로부터 발전을 시작하여 나중에 구이九夷 · 사이四夷로 분파되었다. 그런데 오명제吳明濟는 이들 구이九夷들이 모여서 지도자로 추대한 인물이 단군檀君이라고 말하였고 「단군고기」에서는 단군이 통치한 아홉 개 나라 즉 구이들의 이름이 하나하나 구체적으로 거명되어 있다. 그렇다면 단군조선檀君朝鮮은 진시황秦始皇이 천하를 통일한 뒤에 세운 진제국秦帝國과는 물론 유형은 다르겠지만 압록강이남 대동강유역에 건국한 변방의 작은 나라가 아니라 중원에서 여러 동이국가를 거느리고 통치한 거대한 제국帝國이었음은 분명한 사실이라고 하겠다.

중국의 정사正史인 『양서梁書』에는 "동이지국東夷之國 조선위대朝鮮 爲大"라고 하여 고구려 · 백제 · 신라 · 발해 등 다른 동이국가들에 비해 고조선이 특별히 강대한 나라였음을 강조한 대목이 나온다. 이것은 바로 구이九夷를 거느리고 통치한 고조선의 역사적 사실을 반영한 데 기인한 것이다.

그리고 『삼국유사』 제 1권에는 "『통전』에 말하기를, '조선의 유민이 나뉘어 70여국이 되었는데 다 지방이 백리였다.' 라고 말했다.(通典云 朝鮮之遺民 分爲七十餘國 皆地方百里)"는 기록이 나온다.

중국의 춘추시대엔 작은 나라는 50리, 또는 100리 땅을 소유한 나라가 수두룩하였다. 『맹자』「공손추장」에 의하면 "탕이칠십리湯以七十里" "문왕이백리文王以百里"라고 하였다. 은殷 왕조를 세운 탕임금과 서주西周 제국을 건설한 문왕이 초기에 그들의 국토면적은 각각 70리와 100리에 불과했다는 것이다.

『통전』은 당나라 때 유명한 학자인 두우杜佑가 서기 801년에 완성하였다. 일연이 『삼국유사』를 편찬한 연대는 대략 서기 1281~1287년경으로 추정한다. 두우의 『통전』은 일연의 『삼국유사』보다 약 500년가량 앞서 편찬된 책이다. 그런데 『통전』에 "조선의 유민들이 세운 나라로서 지방이 백리 되는 나라들이 70여

개 국이 되었다."라고 말했다. 이것은 고조선이 본래 수십 개의 제
후국과 만리강토를 거느린 강대한 제국이었음을 증명하는 결정적
인 사료가 된다. 『통전』에서 말한 조선이 물론 단군조선을 직접
가리킨 것은 아니다. 그러나 그 조선의 유민들이 단군조선의 후예
들인 것은 분명한 사실이라고 하겠다.

참고 사항

『삼국유사』에 "석유환인昔有桓因 서자환웅 庶子桓雄"이라는
기록이 있다. 여기에 보이는 "환인桓因"의 "인因"자가 본래
는 "국國"자였는데 일제에 의해 "인因"자로 변조되었다는
일부의 주장이 제기되었다. 그러나 환인桓因의 환桓자가 이
미 환국桓國을 상징하고 또한 환인桓因·환웅桓雄·단군檀君
이 오래전부터 우리 민족의 삼성三聖으로 추앙되어 온 점
을 미루어 본다면 굳이 변조설을 제기하여 인因자를 국國
자로 판독할 필요는 없다고 여긴다.

고조선은 조이鳥夷의 후예

사마천 『사기』 「오제본기」에는 순舜임금을 설명하는 내용 가운데 조이鳥夷에 관한 기록이 나온다. 따라서 사마천의 「오제본기」에 보이는 '조이鳥夷' 가 문헌상에 나타나는 최초의 '조이' 가 되는 셈이다.

『후한서後漢書』 「동이열전東夷列傳」에는 아홉 종류의 이夷, 즉 구이에 대한 구체적인 명칭이 일일이 거명되어 있다. 그런데 거기에 "조이鳥夷"라는 이름은 보이지 않는다.

『후한서後漢書』에 나오는 구이九夷는 범엽范曄이 『죽서기년竹書紀年』에 나타난 하夏나라 시대의 동이東夷를 중심으로 정리한 것이라서 요·순시대의 동이인 조이鳥夷는 거기에 포함되지 않은 것이라고 하겠다.

　조이는 동이가 아홉 개 이족으로 갈라지기 이전의 동이로서 저들이 바로 동이의 출발점이요 뿌리라 할 수 있다. 그렇다면 조이는 과연 누구인가.

　진晉나라의 황보밀皇甫謐이 지은 『제왕세기帝王世紀』에는 "태호제 포희씨는 풍성이다.(太昊帝庖犧氏 風姓也)"라고 말하였다. 당唐나라의 사마정司馬貞이 쓴 『보사기補史記』「삼황본기三皇本紀」에도 "태호 포희씨는 풍성이다.(太皥包犧氏 風姓)"라는 기록이 나온다.

　상고시대에는 '풍風' 자와 '봉鳳' 자가 통용되었고 '풍성風姓'은 곧 '봉성鳳姓'을 의미한다고 많은 학자들은 해석한다. 복희伏羲의 성姓이 봉鳳이었다는 것은 그 부족들의 토템이 봉조鳳鳥였음을 반영한 것이다.

　『좌전左傳』「소공昭公 17년」 조항에는 "태호씨는 용을 가지고 관직명을 기록하였다. 그러므로 그의 관직명에는 모두 용을 사용하였다.(太皥氏以龍紀 故爲龍師而龍名)"라는 기록이 있다. 두예杜預는 이에 대한 주석에서 "태호 복희씨는 풍성의 조상이다. 용의 상서로움이 있었기에 용을 관직명으로 하였다.(太皞伏羲氏 風姓之祖也 有龍瑞 故以龍名官)"라고 하였다.

『좌전左傳』의 기록에 의하면 태호 복희씨太皞伏羲氏는 풍성風姓의 조상이며 용龍의 상서로움이 있어서 용으로써 관직명을 삼았다고

하였다. 용은 비상飛翔을 의미한다는 점에서 이는 봉조鳳鳥 토템과 맥을 같이 한다. 따라서 복희伏羲의 토템은 용龍·봉鳳으로 상징되며 용과 봉황을 토템으로 하였던 복희는 바로 조이의 시조였다고 말할 수 있다.

동방에서 태호의 뒤를 계승하여 지도자가 된 분은 소호少昊이다. 그런데 『좌전左傳』「소공昭公 17년」조항에는 소호가 또한 조이鳥

▲ 산동성 청주 박물관 앞에 세워놓은 새 조각상, 동이족의 새 토템이 남긴 유물이다.

夷의 지도자였음을 보여주는 다음과 같은 기록이 있다. "소호씨는 새를 가지고 그들의 관직명으로 하였다.(少昊氏 鳥名官)" "우리 고조 소호 지摯가 즉위 하였을 때 봉황새가 마침 날아왔다. 그래서 관직명을 전부 새의 이름을 사용하였다.(我高祖 少昊摯之立也 鳳鳥適至 故紀於鳥 爲鳥師而鳥名)"

조이鳥夷는 상고시대에 새를 토템으로 하였던 초기의 동이東夷가 분명하다. 그런데 태호 복희의 토템은 용龍·봉鳳으로 상징되고 소호의 토템은 봉황새로 상징된다고 할때 태호太皞복희伏羲와 소호少昊가 이들 조이족의 지도자였다는 사실은 의심의 여지가 없다고 하겠다.

여기서 주목할 대목이 있다. 그것은 복희와 우리 고조선과의 관계이다. 『회남자淮南子』「시칙훈時則訓」에는 다음과 같은 기록이 나타난다.

갈석산으로부터 조선을 경유하고 대인의 나라를 관통하여 동쪽으로 해가 떠오르는 곳 박목의 땅 청토 수목의 벌판에 도달한다. 태호·구망이 맡아서 다스린 지역이 만 2천리이다.(自碣石山 過朝鮮 貫大人之國 東至日出之次 榑木之地 青土樹木之野 太皞句芒之所司者 萬二千里)

동양 인류문명의 시조로 말해지는 태호 복희씨, 그는 상고시대 조이鳥夷의 지도자였다. 그런데 그가 맡아서 다스린 지역이 갈석산碣石山으로부터 조선朝鮮을 경유해서 동쪽으로 해 뜨는 방향으로 더 간다고 하였다. 이것은 고조선 땅이 본래는 태호 복희太暭伏羲가 맡아서 다스린 지역임을 의미한다.

조이의 시조인 복희가 다스린 땅이 바로 후일 고조선이 건국된 지역이었다는 것은 고조선이 조이의 후예임을 알 수 있는 매우 중요한 단서가 된다.

그리고 송대宋代 나필羅泌의 『노사路史』에는 "복희가 구이仇夷에서 탄생했다.(伏羲生於仇夷)"라고 하여 복희의 출생지가 '구이仇夷'로 기록되어 있다. 여기서 '구이仇夷'는 '구이九夷'의 오기誤記가 분명하다. "구이九夷들이 모여서 임금으로 추대한 분이 단군檀君"이라는 명나라 오명제의 『조선세기』에 나오는 기록으로 미루어 볼때 때 복희가 조이 고조선민족의 조상이었을 가능성은 한층 더 높아진다.

또한 정현鄭玄은 "조이鳥夷는 동북의 백성이다."라고 하였다.『괄지지括地志』에는 "조이鳥夷는 옛 숙신肅慎이다."라고 말하기도 하였다. 이런 기록들을 종합해 본다면 복희씨伏羲氏는 고대 동이東夷의 원류인 조이鳥夷의 지도자였고 고조선은 조이의 후예였음이 의심의 여지가 없다고 하겠다.

그러면 우리는 문헌상에 나타나는 이와 같은 상고시대의 새를 토템으로 하였던 복희·소호의 조이鳥夷문화를 고고학적으로 오늘날에 증명할 방법이 과연 있는가.

내몽고 적봉시의 홍산문화紅山文化는 용봉문화龍鳳文化로 상징된다. 중화中華 제 1용龍과 중화 제 1봉鳳이 모두 홍산문화紅山文化 유적지에서 발굴되었다.

▲ 중화 제 1봉

그렇다면 홍산문화紅山文化를 『사기』「오제본기五帝本紀」에 보이는 상고시대의 조이鳥夷가 남긴 문화유적으로 이해하는 것은 지나친 비약

▲ 중화 제 1용

2강 고조선의 장

91

▲ 내몽고 적봉시 홍산문화 박물관, 서광이란 명칭이 이채롭다.

▲ 내몽고 적봉시 홍산문화 유적 발굴현장.

일까. 요서 홍산의 용봉문화는 태호 복희가 아니면 역사상에서 달리 그것을 창조한 주인을 찾기가 힘들다고 본다. 홍산紅山의 용봉문화龍鳳文化는 그 무렵 조이鳥夷가 동북지역에서 활동한 사실을 고고학적 유물을 통해서 입증한다고 보아 큰 무리가 없을 것이다.

　　　다만 홍산문화는 전기·중기·후기로 나누어 설명할 수 있다. 복희伏羲의 영봉문화龍鳳文化는 홍산문화의 전기에 해당하고 치우蚩尤의 구려문화九黎文化는 홍산문화의 중기에 해당하며 단군檀君의 구이문화九夷文化는 홍산문화의 후기에 해당한다.

　그리고 조이鳥夷가 창조하고 조성한 홍산문화에서 전기·중

기 · 후기를 관통해서 일관되게 흐르는 공통적인
문화 요소는 한마디로 말하면 용봉문화龍鳳文化 즉
새를 토템으로 한 조이문화인 것이다.

정현鄭玄은 "조이鳥夷는 동북방에 사는 백성이
다"라고 하여 조이를 동북방 민족으로 간주하였
는데 상고시대에 동북지방에 살던 민족이라면
숙신肅愼과 조선朝鮮이 있을 뿐이다. 우리 민족은

▲ 조이의 용봉문화를 보
여주는 상나라 시대의
용봉 조각

중국 역사상에서 고조선이후 부여 · 고구려 · 백제에 이르기까지
줄곧 동북방에 사는 동북이東北夷로 일컬어져 왔다.

『삼국지』「위서」〈동이전〉에는 변진弁辰의 풍속을 소개하면서 "죽
은 사람을 장사 지낼 때는 큰 새의 깃을 함께 묻어 주는데 그 뜻은
죽은 사람의 영혼이 새의 깃을 타고 날아가도록 하려는 것이다.(以
大鳥羽送死 其意欲使死者飛揚"라고 하였다. 이것은 새를 토템으로 하였던
조이鳥夷가 삼한에 남긴 풍습의 하나였다고 본다.

그리고 고구려의 삼족오, 백제의 금동향로에 새겨진 봉황문양

▲ 고구려 삼족오

▲ 백제 금동향로

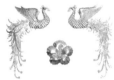

▲ 청와대 상징 문양

등도 우리 민족이 새를 토템으로 한 조이 鳥夷였음을 나타내는 한 반증이다. 뿐만 아니라 현재 대한민국의 국가원수를 상징하는 문양 또한 봉황새로 되어 있다. 이 봉황문양도 바로 지난날 조이鳥夷의 봉조鳳鳥 토템이 오늘에 이어진 것일 가능성이 농후해 보인다.

이러한 여러 가지 정황으로 미루어 볼 때, 동이가 아홉 개 종류로 분파되어 구이 九夷를 형성하기 이전에, 최초의 동이였던 조이는 바로 우리 밝달민족이었고 그 지도자는 복희와 소호였다. 그리고 조이민족들이 차츰 아홉 개 국가로 발전하여 동북방 밝달의 땅에 세운 동아시아의 첫 제국이 고조선이었던 것이다.

그러면 요임금시대의 역사를 기록한 『상서』「요전」에 등장함으로써 조이와 함께 상고시대 동이의 원류의 하나로 지목되는 우이嵎夷, 저들은 과연 누구인가.

조이가 복희·치우시대의 동이라면 우이는 고조선시대의 동이라고 말할 수 있다. 다시 말하면 조이가 제 1동이라면 우이는 조이에서 갈려나간 제 2의 동이인 셈이다.

『산해경』에 의하면 밝달조선은 발해의 모퉁이에서 건국하였다. 조이鳥夷들이 차츰 발전하여 농경과 수렵과 어렵이 동시에 가능한 천혜의 땅 발해의 모퉁이에서 첫 제국 고조선을 건국하였기 때문에 이때부터 저들을 모퉁이우嵎 자를 써서 우이嵎夷 라 지칭하게 되었던 것이 아닐까. 그리고 후일 동북아시아에 등장하여 중원을 지배한 흉노·돌궐·말갈·여진 등은 모두 이들 조이와 우이에서 갈려나간 지류요 지파인 것이다.

갈석산 부근에 있었던 요서고조선遼西古朝鮮

    우리나라 『국사교과서』에서 「단군의 고조선 건국」이라는 단원에 보면 "청동기문화가 형성되면서 만주 요녕遼寧지방과 한반도 서북부 지역에는 족장(군장)이 다스리는 많은 부족들이 나타났다. 단군은 이러한 부족들을 통합하여 고조선을 건국하였다"라고 기술되어 있다. 이 기록에 의하면 단군의 고조선은 오늘날의 중국 요녕성과 한반도 서북부 지역을 무대로 하여 건국되었음을 말해 준다.

    그러나 『회남자淮南子』「시칙훈時則訓」에는 "갈석산碣石山으로부터 조선朝鮮을 경유하고 대인국大人國을 관통하여 동쪽으로 태양이 떠오르는 곳에 도달한다.(自碣石山 過朝鮮 貫大人之國 東至日出之次)"라는 기록이 있다.

『회남자准南子』의 저자 회남왕准南王 유안劉安(서기전179~서기전122)은 유방劉邦의 손자로 회남왕에 봉해져 회남자로 불렀다. 그가 활동하던 서한시대 초기는 한무제가 고조선古朝鮮 서변을 침략하여 한사군을 설치하기 이전이다. 따라서 여기서 회남자가 말하는 조선은 고조선 국가를 가리킨 것이다. 그런데 그 조선을 설명하면서 "갈석산碣石山으로부터 조선을 경유한다."라고 말한 것을 본다면 당시의 조선국은 대동강 유역이 아니라 갈석산 동쪽 부근 어딘가에 있었던 것이 확실하다.

▲ 요녕성에 있는 의무려산, 동북방의 대표적인 산 중의 하나다.

요녕성의 진산鎭山 즉 대표적인 산은 의무려산醫巫閭山이다. 요녕성 지역에는 역사적으로 일찍이 갈석산이라는 이름의 산이

2강 고조선의 장

존재한 적이 없다. 그렇다면 갈석산은 어디에 있었는가.

동한東漢시대의 학자 고유高誘는 『회남자』에 나오는 갈석산과 조선에 대한 주석에서 "갈석산은 요서遼西 지역 해변 가 서쪽에 있고 조선은 낙랑군의 현이다.(碣石山 在遼西界 海水西畔 朝鮮樂浪之縣也)"라고 하였다.

고유高誘는 동한시대 탁군 涿郡 사람으로 동군東郡 복양령濮陽令을 역임했다. 그는 한무제가 고조선을 침략하여 한4군을 설치한 이후에 태어난 인물이다. 그래서 고유는 『회남자』에 나오는 조선에 대한 주석에서 "조선은 낙랑군의 조선현이다"라는 해석을 덧붙인 것이다.

또한 고유는 갈석산에 대한 주석에서 "요서지역에 있다.(在遼西界)"라고 하였는데 여기서 고유가 말하는 요서는 진 · 한시대에 요동군과 함께 설치된 하북성 동쪽의 요서군 지역을 가리킨 것이며 오늘날 요녕성의 요하 서쪽을 말한 것이 아니다.

진 · 한시대의 요서군은 『진서晉書』 · 『위서魏書』와 당나라 두우의 『통전通典』, 송나라 낙사樂史의 『태평환우기太平寰宇記』등에 의하면 오늘날의 하북성 진황도시 노룡현, 옛 백이·숙제의 나라 고죽국 일대에 있었다는 사실을 확인할 수 있다.

서한시대 유방의 손자 회남왕 유안의 갈석산과 조선국에 대한 설명, 그리고 동한시대의 학자 고유가 이에 대해 주석을 낸 내용을 검토해 보면 서한시대 초기의 조선국과 동한시대의 낙랑군 조선현은 하북성 동쪽 요서군 지역에 있었다는 결론을 어렵지 않게 도출할 수 있다.

그렇다면 『회남자』 이외의 다른 문헌을 통해서도 고조선국이 요서군 지역에 있었다는 사실을 증명할 수 있는가. 『산해경』에는 "동해의 안쪽 북해의 모퉁이에 나라가 있는데 그 이름을 조선이라 한다.(東海之內 北海之隅 有國 名曰朝鮮)"라고 하였다.

발해는 중원의 북쪽에 위치하고 있다. 그러므로 여기서 말하는 북해는 발해를 가리킨다. 발해에서 모퉁이에 해당하는 곳이 세 군데가 있다. 산동성의 내주만萊州灣·하북성의 발해만渤海灣·요녕성의 요동만遼東灣이 그것이다.

그러면 고조선은 발해의 어느 모퉁이에 있었을까. 『회남자』 고유 주석의 "갈석산이 있는 요서지역 해변 가에 조선이 있다."라는 기록에 비추어 본다면 『산해경』에서 말한 고조선은 하북성의 발해만 부근 요서지역에 위치하고 있었던 것이 의심의 여지가 없다고 하겠다.

이상에 나오는 문헌 기록을 통해 살펴본다면 고조선은 "만주 요녕지방과 한반도 서북부를 중심으로 건국되었다."라는 우리 『국사교과서』의 내용은 사실과 부합되지 않는다. 옛 진·한 시대의 요서군 지역, 지금의 하북성 진황도시 노룡현 일대에 고조선의 수도가 있었으며 그 강역은 거기서 서쪽으로 훨씬 더 확대되어 있었다는 사실을 미루어 짐작할 수 있다.

그리고 특히 우리가 여기서 주목할 점은 회남자가 말하는 갈석산은 현재의 하북성 진황도시 창려현 갈석산이 아니라는 사실이다. 회남자가 말하는 갈석산은 어느 갈석산을 가리킨 것인가.

『사기』「소진열전」에는 전국시대에 소진蘇秦이 연燕나라 문후文侯

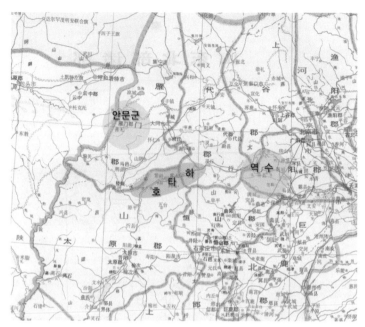

▲ 『중국역사지도집』(중국 사회과학원 편찬)의 진秦나라시대 지도

와 만나서 나눈 대화가운데 "연나라가 남쪽에 호타하 滹沱河와 역수 易水가 있다.(燕南有滹沱河易水)"라고 말하고 이어서 "연나라가 남쪽에 갈석과 안문의 풍요로움이 있다.(燕南有碣石雁門之饒)"라고 말한 대목이 나온다.

호타하와 역수는 하북성 남쪽에 있는 강으로서 지금도 중국 지도상에서 그 이름을 찾아볼 수 있다. 이는 전국시대에 연나라의 남쪽 호타하와 역수부근에 지금의 산해관 창려현에 있는 갈석산과는 다른 갈석산이 있었던 사실을 말해준다.

따라서 유방의 손자 회남왕 유안이 말한 "갈석산으로부터 조선을 경유하여 동쪽으로 태양이 떠오르는 곳에 도달한다."라는 그 갈석산은 지금의 호타하와 역수 부근에 있었던 갈석산이 분명하다고 본다.

왜냐 하면 고조선의 수도는 오늘날의 진황도시 산해관 부근 노룡현 일대, 옛 진·한시대의 요서군 지역에 있었으므로 하북성 남쪽 호타하·역수 부근의 갈석산에서 출발하여 동쪽을 향해서 가게 되면 하북성 동쪽에 있는 옛 요서군, 오늘날의 진황도시 노룡현 부근에 있던 조선국에 당도하게 되었기 때문이다.

하북성 동쪽 진황도시 일대에 고조선의 수도 왕검성이 있었다면 그 강역은 서쪽으로는 하북성 남쪽 호타하·역수 부근까지 이르고 동쪽으로는 오늘의 요녕성과 한반도 서북부를 포괄하였을 것은 당연한 일이다. 그런데 오늘날 우리의 『국사교과서』가 고조선에 대해 기술하면서 갈석산이나 요서조선遼西朝鮮은 일체 언급하지 않은 채 요녕지방과 한반도 서북부만을 언급한 것은 커다란 오류를 범하고 있는 것이다.

먼 옛날 우리 조상들은 중원의 주인으로서 피땀 흘려 광활한 영토를 개척했다. 그런데 그 영토를 오늘에 지켜내기는커녕 역사영토마저 스스로 깎아내어 작고 초라하게 만드는 못난 자손이 된 대서야 무슨 낯으로 지하의 조상들을 대할 것인가. 참으로 부끄러운 일이 아닐 수 없다.

일본이나 중국의 『역사교과서』에서 과연 자신들의 역사영토를 스스로 축소 서술하여 학생들에게 가르친다는 이야기를 들어본 적이 있는가. 어찌하여 한국의 『역사교과서』는 사료가 엄연히 증명하는데도 불구하고 요서조선을 빼버리고서 기술하지 않는 것인가. 이런 사실을 조상들이 아신다면 얼마나 통탄하실 일인가.

조상이 물려준 터전을 모두 잃어버린 채 문헌이 증명하는 역사영토마저 폐기처분해버리는 이런 못난 짓을 우리는 앞으로 언제까지 계속할 셈인가. 이제 우리가 부끄러운 자손이 되지 않기 위해서는 식민사학의 잔재를 당장에 뿌리 뽑을 수는 없다 하더라도

적어도 『국사교과서』만은 바르게 서술해서 진실을 후손들에게 가르쳐야 한다.

발해만을 끼고 앉아 중원대륙을 호령한 요서조선은 우리 민족의 자긍심의 상징이다. 지금이라도 서둘러 구이九夷민족이 대화합을 이루어 중원을 제패했던, 우리 민족의 자랑인 요서조선을 회복하여 『국사교과서』에 제대로 기술해야 한다.

그리한다면 우리 민족의 웅대한 민족정기는 되살아나고 자랑스러운 민족혼은 다시 빛을 발할 것이다. 따라서 안으로는 민족화합과 번영을 이룩하고 밖으로는 동아시아의 주역으로 거듭 남으로써 21세기 밝달민족의 새 역사를 쓰는 일이 현실로서 다가오게 될 것이다.

하북성 노룡현盧龍縣 조선성朝鮮城은 요서고조선 유적

송宋나라 사람 낙사樂史가 쓴 『태평환우기太平寰宇記』「하북도河北道」 〈평주平州 노룡현盧龍縣〉조항에는 다음과 같은 기록이 나온다.

조선성朝鮮城 : 바로 기자箕子가 봉함을 받은 곳이다. 지금 황폐화 된 옛 성이 있다.(朝鮮城 即箕子受封之地 今有廢城)”

중국의 송宋나라 시대는 우리나라 고려왕조에 해당하는 시기로 서 아직 이씨 조선왕조가 건립되기 이전이다. 그런데 이때 하북도 河北道 평주平州 노룡현盧龍縣에 “조선성朝鮮城 유적이 있다.”고 『태평 환우기』에 기록되어 있는 것을 보면 아마도 다 무너져 가는 고조선의 조선성朝鮮城 유적이 송末나라 시대까지 남아서 그대로 보존되어 있었던 것을 알 수 있다.

우리는 그동안『국사교과서』에서 한사군의 낙랑군 조선현은 대동강 유역에 있었고 고조선도 당연히 한반도의 대동강 유역에 존재했던 것으로 배워 왔다. 그런데 고대 중국인이 기록한 역사서, 그것도 송대宋代 사대사서四大史書 중의 하나로 손꼽히는『태평환우기』에, 오늘날 중국 공산당 간부들의 여름철 휴양지로 유명한 하북성 진황도시 북대하北戴河 근처에 "고조선의 조선성朝鮮城 유적이 있다."라고 기록되어 있다.

▲ 현재의 중국지도

이는 우리의『국사교과서』내용이 잘못 기록되었거나 아니면 낙사의『태평환우기』가 잘못 기록되었거나, 둘 중 어느 하나는 오류를 범하고 있는 것이 분명하다. 아래에서 관련 자료를 중심으로 어느 쪽이 오류를 범하고 있는 것인지 그 진실을 밝혀보기로 한다.

중국의 정사正史 자료인 『한서漢書』·『후한서後漢書』 그리고 『진서晉書』에는 조선현朝鮮縣이 낙랑군樂浪郡의 수현首縣으로 기록되어 있다. 이는 서한西漢 시대에서 후한後漢 시대를 지나 진晉나라 시대에 이르기까지는 조선현은 낙랑군에 소속되어 있었으며 다른 변동사항이 없었음을 보여준다.

그런데 『위서魏書』에 의하면 낙랑군의 정체가 달라진다. 낙랑군은 없어지고 낙랑군에 소속되어 있던 조선현은 평주平州 북평군北平郡 소속으로 되어 있으며 북평군은 조선현과 신창현新昌縣 두 개현을 관할하고 있다. 그리고 조선현 밑에는 조선현이 본래 낙랑군에 소속되어 있다가 나중에 북평군에 소속되게 된 경위가 이렇게 설명되어 있다.

조선현은 양한兩漢과 진晉나라에서는 낙랑군에 소속되어 있다가 뒤에 폐지되었다. 연화延和 원년元年에 폐지되었던 조선현의 백성을 비여肥如로 옮겨 와 다시 조선현을 설치하고 북평군에 소속시켰다.

(朝鮮縣 二漢晉屬樂浪 後罷 延和元年 徒朝鮮民於肥如 復置 屬焉)

이 기록에 따르면 조선현은 전한·후한시대에서 진晉나라 시대에 이르기까지는 낙랑군의 소속현으로 내려오다가 진晉나라 이후에 폐지된 것이 확실하다.

다만 폐지되었던 조선현은 연화延和 원년에 다시 부활하게 된다. 여기서 말하는 연화란 무엇인가. 연화는 중국 역사상에서 여러 왕조가 사용한 연호의 명칭이다. 한무제漢武帝 (서기전92~서기전89)·북위北魏 태무제太武帝(432~435)·당예종唐睿宗(712~5월~8월) 등이 모두 연화라는 연호를 사용했다.

이 기록은 『위서魏書』에 나오는 내용이므로 여기서 말하는 연화는 북위 태무제太武帝 탁발도拓跋燾가 사용한 연호가 분명하다. 북위 태무제는 432년 정월~435년 정월까지 정확히 3년 동안 이 연호를 사용했다.

그런데 우리가 여기서 주목할 것은 조선현이 부활은 하였으되 원래의 조선현이 있던 자리가 아닌 비여현肥如縣이라는 다른 지역

교과서에서 배우지 못한 우리역사

108

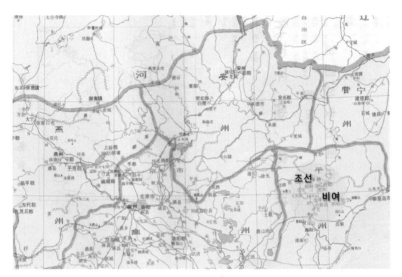

▲ 『중국역사지도집』의 남북조시대 위나라 지도

으로 옮겨 가서 다시 설치되게 되었다는 사실이다. 비여현이란 과
연 어떤 곳인가.

　비여현은 『한서』·『후한서』·『진서晉書』에 모두 요서군 소속으
로 기록되어 있다. 양한兩漢에서 진晉나라시대까지는 조선현은 낙
랑군에 소속되어 있고 비여현은 요서군에 소속되어 있어 서로 관
할하는 군이 달랐다. 그런데 위魏나라 연화시기에 이르러 조선현
의 백성을 비여현으로 옮겨 거기에 조선현을 다시 설치하고 낙랑

군이 아닌 북평군에 소속시킨 것이다.

낙랑군 조선현의 백성을 요서군 비여현으로 옮겨서 거기에 다시 조선현을 설치했다는 이 기록에서 우리는 한 가지 중요한 역사적 사실을 발견할 수 있다. 즉 낙랑군 조선현과 요서군 비여현은 서로 접경지대에 토지를 맞대고 인근에 있었으며 그래서 폐지한 조선현의 백성을 비여현으로 이주시켜 다시 조선현을 설치하는 일이 손쉽게 가능했다는 것이다. 낙랑군이 만일 하북성의 요서군이나 북평군과 서로 이웃하고 있던 군이 아니고 멀리 떨어져 대동강 유역에 있었다면 그것은 쉽사리 가능한 일이 아니기 때문이다.

그런데 남북조시대를 지나 수隋나라시대에 이르면 『위서魏書』에 나오던 평주平州 북평군 소속의 조선현마저도 아예 완전히 자취를 감추고 그 자리에는 노룡현盧龍縣이 들어서게 된다.
그에 관한 자세한 내막은 『수서隋書』「북평군」〈노룡현〉조항에 이렇게 설명되어 있다.

노룡현盧龍縣 : 옛적에는 북평군을 설치하고 신창현과 조선현을 관

隋

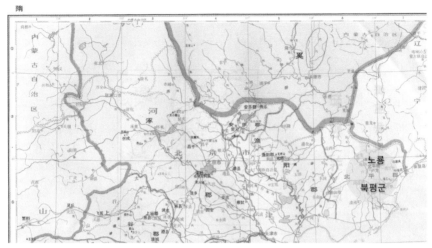

▲『중국역사지도집』의 수나라시대 지도

할했다. 후제後齊시기에 조선현을 감축시켜 신창현에 편입시켰으며 또 요서군을 감축시키고 관할하던 해양현海陽縣까지 포함하여 비여현에 편입시켰다. 개황開皇 6년에 또 비여현을 감축시켜 신창현에 편입시켰고 18년에 노룡현으로 명칭을 바꾸었다.(盧龍 舊置北平郡 領新昌朝鮮二縣 後齊省朝鮮入新昌 又省遼西郡 並所領海陽縣 入肥如 開皇六年 又省肥如入新昌 十八年改名盧龍)

『수서』의 기록을 통해서 본다면 북위 연화 원년에 비여현에 설

2강 고조선의 장

111

치되었던 조선현은 후제後齊시기에 이르러 다시 폐지되고 신창현에 편입되었다. 여기서 말하는 후제後齊란 북제北齊의 다른 이름이다. 고양高洋이 동위東魏를 대체하여 황제라 칭하고 국호를 제齊라 하였는데 역사상에서는 이를 북제·또는 후제라고 호칭한다. 북제가 존속한 기간은 서기 550년~577년까지 27년 동안이다.

한무제 원봉元封 3년(서기전 108) 낙랑군의 수현首縣으로 설치되었던 조선현은 남북조시대인 북제시기에 이르러 북평군 신창현에 편입됨으로써 일단 역사상에서 강제로 퇴장을 당하게 된 것이다. 그런데 북제시기에 요서군을 통폐합하여 만든 비여현을, 수隋나라 개황 6년에는 신창현으로 편입시켰다. 그러니까 수나라시기에 이르러 북평군 신창현에서 낙랑군 조선현과 요서군 비여현이 동거에 들어가게 된 셈이다. 그러다가 수나라 개황開皇 18년에 이르러서는 신창현을 노룡현으로 명칭을 바꾸었다.

이상의 기록을 통해서 살펴볼 때, 수나라에서 설치한 북평군 노룡현은 한漢나라의 요서군 비여현과 낙랑군 조선현을 통폐합한 뒤 명칭을 변경하여 만든 현이라는 것을 알 수 있다.

수나라 이후 노룡현은 당나라를 거쳐 송나라시대에 이르기까지 행정구역의 조정이나 명칭상의 별다른 변동 없이 그대로 존속되었다. 그러므로 송나라 사람 낙사樂史가 쓴 『태평환우기』의 「평주平州 노룡현」조항에 나오는 '조선성朝鮮城'은 바로 한漢나라의 낙랑군 조선현의 폐성을 가리킨 것이다.

한漢나라의 낙랑군 조선현은 본래는 요서군 비여현과 이웃사촌으로 있다가 수나라 이후에는 노룡현에서 동거에 들어가게 되었으므로 우리는 노룡현의 조선성을 가리켜 요서고조선遼西古朝鮮이 남긴 유적이라 말할 수 있는 것이다.

『태평환우기』의 「하북도」〈노룡현〉 '조선성朝鮮城'의 기록을 바탕으로 『한서』·『후한서』·『진서』에 나오는 다른 고조선 관련 기록들과 비교 검토해 보면, 초기의 고조선은 대동강 유역이 아니라 요서지역에 있었던 것이 확실하다.

따라서 『태평환우기』의 고조선 기록이 오류를 범한 것이 아니라 우리 『국사교과서』가 고조선의 역사영토에서 요서고조선 부분을 축소하여 잘못 서술하고 있는 것이다.

송宋나라의 평주 노룡현 조선성이
한漢나라의 낙랑군 조선현

『진서晉書』「지리지地理志」에는 조선현이 평주의 낙랑군 소속으로 기재되어 있다. 진나라 때의 평주란 어떤 곳인가. 후한 말에 공손도公孫度가 이곳을 차지하여 평주목平州牧을 자칭하였다. 따라서 평주平州라는 명칭은 공손도公孫度에 의해서 최초로 사용된 것임을 알수 있다.

조위曹魏의 위魏나라시대에는 요동遼東 · 창려昌黎 · 현도玄菟 · 대방帶方 · 낙랑樂浪 5개 군郡을 따로 떼 내어 평주를 설치했다. 『진서晉書』에 의하면 창려 · 요동 · 낙랑 · 현도 · 대방 5군이 평주 관할이고 조선현은 낙랑군 소속으로 되어 있다. 이것은 진나라에서도 역시 위나라의 행정구역을 그대로 계승하였음을 보여 준다.

그런데 『진서晉書』「지리지」에는 낙랑군 소속으로 되어 있던 조선현이 북위北魏의 『위서魏書』「지형지地形志」에는 낙랑군이 아닌 북평군北平郡으로 소속이 바뀌어 있다. 그러면 『위서』「지형지」에 북평군 소속으로 되어 있는 조선현은 『진서』「지리지」의 낙랑군 소속으로 되어 있던 조선현과는 어떻게 다른 것인가.

『위서』「지형지」에서 북평군이 관할하고 있는 조선현을 설명하면서 "양한兩漢과 진晉나라에서는 낙랑군에 소속되어 있었다.(二漢晉屬樂浪)"라고 말했다. 이런 것을 본다면 북위시대의 북평군에 소속되었던 조선현은 서한西漢으로부터 동한東漢을 거쳐 진晉나라에 이르기까지 줄곧 낙랑군에 소속되어 있었던 바로 그 조선현이며 따라서 북위의 북평군 조선현은 곧 한漢나라의 낙랑군 조선현과 동일한 현이라는 사실을 알 수 있는 것이다.

낙랑군 조선현은 진晉나라이후 한때 폐지되었다가, 북위 연화延和 원년에 폐지되었던 조선현의 백성들을 비여현肥如縣으로 옮겨 조선현을 다시 설치하고 북평군에 소속시켰다. 폐지했던 조선현을 다시 설치한 비여현은 어떤 곳인가. 『위서』「지형지」의 기록에 의거하면 평주平州는 당시에 비여성肥如城을 치소治所로 하고 관하에 요서군과 북평군 두 개의 군을 두고 있었다.

요서군에는 비여현肥如縣·양낙현陽樂縣·해양현海陽縣이 소속되어 있었고 북평군에는 조선현朝鮮縣·신창현新昌縣이 소속되어 있었다. 이는 요서군은 북평군과 지리적으로 서로 이웃하여 가까이 있었음을 나타낸다.

『태평환우기』「노룡현 고적古蹟」 조항에서는 조선성朝鮮城 다음에 바로 요서성遼西城을 소개하고 있다. 조선성이 요서성과 나란히 함께 기재되어 있다는 것은 비여현을 수현首縣으로 거느린 요서군이 바로 조선현 부근에 있었음을 설명한다.

한무제 때 설치되어 위진魏晉시대까지 창려군昌黎郡·요동국遼東國·현도군玄菟郡·대방군帶方郡 등과 함께 존속되어 오던 낙랑군樂浪郡은 그 수현首縣인 조선현과 함께 북제北齊시기에 이르러 폐지되었다.

그런데 『태평환우기』에 조선성이 요서성과 함께 나란히 기재되어 있는 것을 본다면, 조선현이 폐지될 때 그 이웃의 요서군에 통폐합되었을 가능성이 다분히 높다. 그러므로 연화 원년에 폐지했던 조선현을 다시 설치할 당시 요서군 비여현을 설치장소로 선택한 이유를 여기서 찾을 수 있다고 하겠다.

『위서魏書』에는 북평군이 조선현과 신창현 두 개 현을 관할하고 있는 것을 볼 수 있는데 『수서隋書』에는 북평군이 조선현과 신창현이 아닌 노룡현盧龍縣 한 개 현만을 관할하고 있는 것으로 나온다. 이것은 수나라 당시에는 노룡현에 통폐합되어 조선현은 이미 완전히 자취를 감춘 것을 의미한다.

『수서』에는 「북평군」〈노룡현〉 조항에서 "북평군이 신창현과 조선현을 관할하다가 후제後齊시기에 조선현을 신창현에 통폐합시켰고, 또 요서군과 요서군 관할 해양현海陽縣을 포함하여 비여肥如에 통폐합시켰으며 비여를 다시 신창현에 통폐합시켜 노룡盧龍으로 이름을 변경하였다."라고 말하였다.

이 기록에 따르면 낙랑군 조선현은 북위시기에 이르러 북평군 조선현으로 소속이 바뀌었고 북평군 조선현은 북제北齊시기에 신창현에 통폐합되었으며, 수나라시기에는 요서군 비여현이 다시 신창현에 합쳐졌고, 낙랑군의 조선현과 요서군의 비여현이 통폐합된 신창현은 다시 최후에 노룡현으로 명칭이 변경된 사실을 알 수가 있다.

이상의 기록을 토대로 검토해 본다면 송나라 낙사樂史의 『태평환우기』에 보이는 노룡현의 조선성은 바로 한漢나라 무제 때 설치되어 서한 · 동한시대를 거쳐 위진시대까지 존속되다가, 북제시기에 이르러 신창현으로 통폐합된 조선현의 현성縣城이 확실하다고 본다. 여기서 우리는 송나라의 평주 노룡현 조선성이 바로 한漢나라의 낙랑군 조선현이라는 결론에 도달하게 되는 것이다.

기자箕子가 찾아 간 조선은 요서에 있었다

은殷나라의 왕자였던 기자箕子는 은나라가 쇠망하자 은나라를 떠나 조선으로 갔다. 기자가 조선으로 간 사실은 『상서대전尚書大傳』·『사기史記』「송미자세가宋微子世家」·『한서漢書』 등 여러 역사서에 기록되어 있다.

그 당시에 기자가 은나라를 떠나 찾아 갔던 조선은 어디에 있었는가. 『진서晉書』「지리지」〈평주 낙랑군〉 조선현 조항에 "주나라가 기자를 봉한 지역이다.(周封箕子地)"라고 기록되어 있다.

당나라 때 두우杜佑가 편찬한 『통전通典』에서 낙랑군 조선현이 소속되어 있었던 평주에 관한 기록을 살펴보면 "평주는 은나라 때는 고죽국孤竹國, 춘추시대는 산융山戎 · 비자肥子 2국國의 땅, 진秦나라 때는 우북평右北平 · 요서遼西 2군, 양한兩漢에서 위진魏晉시대까지는 요서군遼西郡 지역이었다."라고 적혀 있다.

그러니까 은나라가 망하자 기자가 찾아 갔던 조선은 바로 고죽국 · 산융국 · 비자국 · 우북평군 · 요서군을 거쳐 진晉나라 때는 명칭이 평주로 바뀌어 낙랑군 조선현을 관하에 거느리고 있던 지역, 기자 당시로 말하면 단군조선이 차지하고 있던 영토인 것이다.

기자가 찾아 간 조선은 요서遼西의 낙랑군 조선현이 있던 지역에 위치해 있었다는 것은 중국의 정사正史에 분명하게 밝혀져 있다.

예컨대 『진서晉書』에는 "평주에 있는 낙랑군 조선현이 기자가 찾아 갔던 조선이다"라고 말하였고 송宋나라 낙사樂史의 『태평환우기』에는 "하북도 평주 노룡현에 기자의 조선성 유적이 있다."라고 하였다. 이런 기록을 통해서 우리는 고조선에 대한 다음과 같은 중요한 역사적 사실을 확인할 수가 있다.

첫째는 기자가 찾아갔던 조선은 북한의 평양에 있지 않고 하북성 요서에 있었다는 사실이다.

둘째는 낙랑군 조선현은 대동강 유역에 있지 않았고 하북성 지역에 북평군·요서군과 이웃해 있었다는 사실이다.

셋째는 기자가 찾아 갈 당시의 고조선은 그 강역이 한반도 서북쪽 압록강 유역에 국한된 조그마한 변방국가가 아니라 오늘의 하북성 진황도시 노룡현을 중심지로 하여 서쪽으로 하북성 남쪽까지 아우르는 대제국이었다는 사실이다.

일제는 우리 역사에 대해 단군조선은 신화라고 부정하여 잘라내고 기자조선은 기자가 동쪽으로 온 사실이 없다고 부정하여 잘라냈다. 연나라 사람 위만이 세운 위만조선만 남겨둔 채 우리 역사의 뿌리를 잘라 반 토막을 냈다.

그런데 일제가 기자 조선을 부정하면서 내 세운 논리의 핵심은 바로 기자가 당시 망명객 신분으로 은나라의 수도가 있던 하남성 河南省 안양安陽을 떠나 중간에 여러 이민족들이 사는 지역을 경유

▲ 중국 하북성 지도

하여 멀리 수천 리 떨어진 한반도 압록강 유역에 있던 조선까지 찾아 간다는 것은 현실적으로 불가능한 일이라는 것이었다. 그러나 그것은 저들이 기자가 찾아갔던 조선은 북한의 대동강 유역 평양에 있었다고 간주한데서 발생한 오류이다.

만일 『진서晉書』에서 말한 것처럼 평주에 있던 낙랑군 조선현이 기자가 찾아 갔던 그 조선이고, 『태평환우기』에서 말한 것처럼 평주 노룡현에 있는 조선성 유적이 기자가 남긴 유적이라면 일제 식

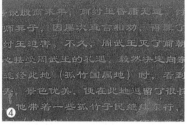

❶ 단가구段家溝 마을 어귀에 세워진 안내판. 청룡하 옆에 고려동이 표기되어 있다.
❷ 청룡하 강변에 세워진 '고려동' 표지석
❸ 고려동 옆을 흐르는 청룡하
❹ 고려동 표지석 뒷 면에 은나라의 태사 기자가 이곳에 와서 머물렀다는
　내용을 전하고 있다.

민사학자가 기자조선을 부정하는 핵심 논리로 제시한, "망명객신
분으로 중간에 이민족들이 사는 지역 수천 리를 통과하여 대동강
유역 평양까지 도달한다는 것은 현실적으로 불가능한 일이다."
라는 논리는 설득력을 잃게 된다.

왜냐하면 은나라는 동이족이 세운 국가로서, 요서遼西에 있던 백이·숙제伯夷叔齊의 나라 고죽국孤竹國은 은나라의 제후국이었다. 그리고 고조선은 중원의 지배를 직접 받지 않는 동방의 독립된 제국이었다.

▲ 하북성 진황도시 노룡현 백이·숙제의 고향 마을 어귀에 있는 안내 표지석.

▲ 이제고리夷齊故里에 있는 백이·숙제의 사당. 뒤로 백이·숙제가 고사리를 캐 먹었다는 수양산이 보인다.

기자가 은나라의 수도 하남성 안양에서 출발하여 고죽국까지 가는 경유지는 이민족이 아닌 우방 국가들이었으며 그 우방 국가들이 사는 지역을 막 벗어나서 첫 번째 당도하게 되는 곳이 바로 고조선이었다. 따라서 그 고조선은 대동강 유역이 아닌 요서遼西 지역에서 고죽국과 바로 국경을 맞대고 있었기 때문이다.

우리 『국사교과서』는 아직도 단군조선을 신화로 취급하고 기자조선은 기자가 동쪽으로 왔다는 것이 허구라는 이유로 실제 역사로서 인정하지 않고 있다. 기자가 압록강을 넘어와 평양에 기자조선을 세우지 않은 것은 분명하다. 그러나 자신의 조국인 은나라가 망하자 주나라의 신하 되기를 거부한 기자가 동쪽으로 떠나 와 주나라의 통치권 밖에 있던 독립국가이자 형제의 나라인 요서조선遼西朝鮮에 찾아갔던 것은 중국의 정사正史가 인정하는 사실이다.

지금 우리는 일제 식민사관의 관점으로 기자조선을 부정하는 것만이 능사가 아니다. 기존의 평양 기자조선은 부정하되 요서 기자조선은 인정하는 바른 역사의 재정립이 반드시 필요하다.

기자조선과 낙랑군 조선현이
대동강 유역으로 옮겨 온 배경

『태평환우기』「평주 노룡현」 조항의 "조선성은 바로 기자가 봉함을 받은 지역이다.(朝鮮城 即箕子受封之地)"라는 기록과 『진서晉書』「지리지」〈평주 낙랑군〉 조선현 조항의 "주나라에서 기자에게 봉한 땅이다.(周封箕子地)"라는 기록은, 기자조선과 낙랑군 조선현은 다 같은 평주지역으로서, 오늘날의 하북성 동쪽 진황도시 노룡현 일대에 있었음을 증명하고도 남는다.

이처럼 정사正史 사료가 명백하게 입증하는데도 불구하고 청나라시대에 이르러 이들 요서에 있었던 기자조선과 낙랑군 조선현은 슬그머니 압록강 이남으로 옮겨오게 된다. 어떻게 그런 일이

가능하게 되었는가. 그것은 다름 아닌 역사조작에 의해서였다. 역사 조작이 어떻게 이루어졌는지 보기 위해 먼저 조작된 내용을 인용해 보기로 한다.

조선의 옛 성이 노룡현의 동쪽에 있다. 한漢나라의 낙랑군에 조선현이 있어 지금의 조선국朝鮮國 국경 안에 있었다. 후위시기 연화 원년에 조선현의 백성들을 이곳으로 옮겨 와서 조선현을 설치하고 북평군에 소속시켰다.(朝鮮故城 在盧龍縣東 漢樂浪郡 有朝鮮縣 在今朝鮮境內 後魏延和元年 徒朝鮮民於此 置朝鮮縣 屬北平郡)

이것은 『대청일통지大淸一統志』「영평부永平府」〈고적古蹟〉 조항에 나오는 내용이다. 『대청일통지』는 청나라 때 영평부 노룡현 동쪽에 있던 조선의 옛 성을 설명하면서 "한漢나라의 낙랑군 조선현이 지금의 조선, 즉 청나라 당시의 조선국 경내에 있었는데 북위 시대 연화 원년에 조선국 경내에 있던 한漢나라 낙랑군 조선현의 백성들을 이곳 하북성 영평부 노룡현 지역으로 옮겨와서 조선현을 설치하고 북평군에 소속시켰다."라고 말하고 있다.

『대청일통지』가 이러한 주장을 펴는 데 있어 근거가 되었던 원

자료는 『위서魏書』「지형지地形志」〈평주平州 북평군北平郡〉 조선현朝鮮縣 조항에 나오는 다음의 기록이다

양한시대와 진나라 때는 낙랑군에 소속되었는데 뒤에 폐지되었다. 연화 원년에 조선현의 백성들을 비여현으로 옮겨 다시 설치하고 북평군에 소속시켰다.(二漢晉屬樂浪後罷 延和元年 徙朝鮮民於肥如 復置屬焉)

『대청일통지』가 논거로 삼은 『위서』「지형지」의 내용을 자세히 검토해 보면 『대청일통지』의 주장과는 하늘과 땅차이만큼이나 거리가 멀다. 『위서』「지형지」에서 말하고 있는 원래의 뜻은 무엇인가.

『진서晉書』에는 평주에 낙랑군이 있고 거기에 조선현이 소속되어 있다. 그리고 그 아래에는 "주나라가 기자를 봉한 땅이다.(周封箕子地)"라는 설명이 부기되어 있다.

그런데 위魏나라 시기에 이르러 원래 낙랑군에 소속되어 있던 조선현은 한때 폐지되었다가 다시 설치되면서 북평군으로 소속이

바뀌게 되었다. 그래서 『위서魏書』「지형지」는 「북평군」〈조선현〉 조항에서 "양한兩漢 시대와 진晉나라 때까지는 조선현이 평주 낙랑군에 소속되어 있었는데 뒤에 폐지되었다가 북위 연화延和 원년에 이르러 옛 평주 낙랑군 조선현의 백성들을 비여현肥如縣으로 옮겨 조선현을 다시 설치하고 북평군에 소속시켰다."라는 설명을 덧붙이고 있는 것이다.

따라서 『위서』「지형지」에서 "조선현의 백성들을 비여현肥如縣으로 옮겼다."라고 할 때의 조선은 당연히 『진서晉書』에서 말한 평주의 낙랑군 조선현을 가리킨 것이며 압록강 이남의 조선과는 전혀 무관한 것이다. 그런데 『대청일통지』에서는 평주의 기자조선을 한반도의 이씨조선과 결부시키고 평주의 낙랑군 조선현을 압록강 이남의 낙랑군 조선현으로 왜곡시키며 사실을 왜곡하였다.

『대청일통지』는 원 사료인 『위서魏書』「지형지地形志」〈평주平州 북평군北平郡〉 조선현朝鮮縣 조항을 그대로 인용하여 설명하지 않고 앞뒤 문장을 자의적으로 적당히 첨삭하면서 "노룡현에 있는 조선 고성은 북위 시대에 대동강 유역에 있던 한나라 낙랑군의 백성들

을 이주시켜 설치한 조선현의 유적이다."라는 엉터리 논리를 위
조한 것이다.

그러므로 『대청일통지』의 주장은 원 사료인 『위서魏書』「지형지
地形志」와 『진서晉書』「지리지地理志」를 함께 놓고 대조하면서 그 내용
을 자세히 검토해 보면 그것이 전혀 사실무근이며 황당한 억지 주
장이라는 것이 금세 들통이 난다.

평주에 있는 낙랑군 조선현이 기자를 봉한 조선의 땅이라고 말
한 것은 『진서晉書』이고 『진서』는 북위北魏 연화延和 이전의 역사를 기
록한 책이다. 이는 북위 시대에 조선현을 설치하기 이전부터 평주
에는 이미 낙랑군 조선현이 존재하고 있었다는 사실을 입증한다.

그리고 『진서』에 "평주의 낙랑군 조선현은 본래 기자를 봉한
조선의 땅이다."라고 말한 것을 본다면 북제北齊시대에 잠시 폐지
했다가 북위시대에 다시 설치한 북평군 조선현을 빌미로 그 이전
진晉나라시대부터 이미 있어 온 평주의 낙랑군 조선현을 부정하
거나 대체할 수는 없다. 또 사료적 가치로 볼 때에도 청나라시기
에 편찬된 『대청일통지』 보다는 『진서』·『위서』의 사료적 가치가

훨씬 더 높은 것은 두말할 나위 없다.

그럼에도 이처럼 엉터리로 조작된 논리가 일제에 의해 그대로 수용된 다음 거기에 날개를 달아 '대동강 낙랑설'로 고착화되어 반도사관을 형성하는 주요한 수단으로 이용되었다.

이 나라가 광복된 지 70년이 다 돼가는 지금까지도 그 엉터리 이론이 자취를 감추기는커녕 우리 학계의 정설로 자리를 잡아 교과서에 실려 있는 판국이니 이게 무슨 역사의 아이러니인가. 역사는 한번 왜곡되면 그것을 바로잡기가 쉽지 않다는 것을 이런데서 새삼 절감하게 된다. 역사가 바로서야 나라가 바로 선다고 주장하는 이유가 여기에 있다.

3강

—

낙랑의 장

3강 낙랑의 장

한국사 연구의 분수령 낙랑樂浪

『사기』「진시황본기秦始皇本紀」에는 진나라의 강역을 설명하면서 "땅이 동쪽으로 바다와 조선에 이르렀다.(地東至海暨朝鮮)"라고 말한 내용이 나온다. 중국의 서쪽 변방에 자리 잡고 있던 진나라의 강역은 진시황이 천하통일을 이룩한 이후 동·서·남·북으로 크게 확대되었는데 동쪽으로는 바다와 조선에까지 이르렀던 것이다.

그런데 당唐나라의 장수절張守節은 『사기史記』를 설명하는 주석서 인 『사기정의史記正義』에서 『괄지지括地志』를 인용하여 위에 나오는 조선朝鮮에 대해 다음과 같이 설명하고 있다.

고구려는 평양성에 도읍하였는데 이는 본래 한漢나라의 낙랑군 왕
험성이며 바로 고조선이다.(高驪治平壤城 本漢樂浪郡王險城 卽古朝鮮也)

이것은 고조선에서 한사군의 낙랑군으로, 다시 고구려의 평양
성으로, 시대에 따라서 그 지명상의 변동이 있었을 뿐 고구려 평
양성과 낙랑군 왕험성, 고조선 등은 사실 동일한 위치에 있었던
것을 의미한다.

다시 말하면 한사군의 낙랑군이 대동강유역에 있었다면 고조
선과 고구려의 평양성이 대동강유역에 있었던 것이 되고 그렇지
않고 낙랑군이 만일 발해 부근의 요서지역에 있었다면 고조선은
물론 고구려의 평양성 또한 대동강 유역이 아닌 요서지방에 있었
다는 결론에 이르게 되는 것이다.

낙랑군은 한국사 연구에서 분수령에 해당하여 매우 중요한 의
미를 갖는다. 낙랑군이 어디에 있었느냐에 따라서 한사군의 위치
가 결정되고 한사군의 위치여하에 의해서 우리의 첫 국가인 고조
선의 발상지 · 강역 및 고구려의 평양성 등 상고사의 물줄기가 완

전히 달라지게 되는 것이다.

  낙랑군에는 이처럼 한국사가 대륙사인가 아니면 반도사인가를
결정짓는 중대한 비밀이 숨겨져 있다. 그렇기 때문에 명明·청淸
이후 조선을 얕잡아 본 중국인 학자들과 일제 강점기 식민통치의
영구화를 노린 식민사학자들은 한사군과 낙랑군을 한국사를 왜곡
하는 타깃으로 삼았던 것이다.

낙랑군 수난사

『한서漢書』에는 낙랑군이 25개현을 관할했다고 기록하고 있다.
한漢나라 당시에 설치된 군현郡縣을 살펴보면 주천군酒泉郡은 9개
현, 돈황군敦煌郡은 6개현, 현도군은 3개현을 관할했다. 관하에 10
개 이하의 현을 관할한 군이 허다하였다. 그런데 낙랑군은 25개
현을 관할했다는 것은 낙랑군의 영역이 그만큼 광범위했다는 것
을 말해준다.

『진서晉書』에서는 평주平州 소속의 낙랑군이 조선朝鮮·둔유屯有·
혼미渾彌·수성遂城·누방鏤方·사망駟望 6개현을 관할하고 있는 것
을 볼 수가 있다. 이것은 진晉나라에 이르러 낙랑군은 서한시대에

비해 그 규모는 대폭 축소되었지만 그래도 명맥은 유지하고 있었던 것을 반영한다.

그런데 수隋나라시기에 이르면 낙랑군과 함께 동북방에 있었던 다른 군들, 예컨대 상곡군上谷郡·어양군漁陽郡·북평군北平郡·요서군遼西郡 등은 「지리지地理志」에 여전히 그 이름이 나타나는데 유독 낙랑군만은 기록에서 지워지고 보이지 않는다. 수·당이후 중국의 정사기록에서 낙랑군이 자취를 감춘 이유를 어떻게 설명할 수 있을까.

여기에는 두 가지 이유가 존재했다고 본다. 하나는 낙랑군은 본래 중국 땅이 아니라 한무제가 고조선의 땅을 침략하여 그 수도에 설치한 군이었다. 그러므로 이를 여기저기 중국 군현에 떼어붙여 공중 분해시켜 버림으로써 고조선인들의 영토회복의 빌미를 근본적으로 차단하려는 중국인의 계략이 작용했을 것이다.

다른 하나는 고조선의 후예들에게 우선적으로 영토회복의 대상이 된 곳은 고조선의 심장부인 낙랑군이었다. 특히 고구려는 낙랑군을 발상지로 하여 건국하였으므로 한무제에 의해 설치된 낙랑군의 영토는 고구려 전성기인 위진 남북조시대에 이르러 이를 고구려가 차지하여 고구려의 영토에 소속된 데에 그 원인이 있다고 하겠다.

．

당唐・송宋시대, 우리 민족이 세운 고구려・고려가 강성한 힘을 가지고 대륙에 영향력을 행사하던 때의 중국기록을 보면 왜곡이 전혀 없는 것은 아니지만 그나마 사실에 가까운 부분이 많다. 왜냐하면 그때는 우리도 저들의 눈치를 보는 입장이지만 저들 또한 우리를 함부로 대할 수가 없었기 때문이다.

그러나 명明・청淸시대에 이르면 상황이 완전히 달라진다. 우리의 이씨조선은 저들의 위세에 눌려 숨도 제대로 쉬지 못할 때가 아니던가, 이 시기 청나라 고증학자들의 한국사에 대한 언급은 창광자자猖狂自恣, 그야말로 붓 가는대로 마음 내키는 대로 한국사를 자기들 입맛대로 왜곡하였는데 그 가운데 왜곡의 초점이 된 것이 바로 낙랑군이었다.

명・청시대 중국학자들은 자기들의 속국이나 다를 바 없는, 당시 압록강 이남의 나약하기 이를 데 없던 조선을 바라보면서, 역사 조작을 통해 한사군의 낙랑군을 대동강유역에 가져다 놓음으로써 지난날 찬란했던 대륙조선의 역사와 단절시키고자 하였다.

그리고 일제 강점기의 식민사학자들은 중국 사학자들의 낙랑사 조작을 토대로 거기서 한걸음 더 나아가 위조 가능성이 높은 낙랑유물을 내세워 '대동강 낙랑설'을 고착화시키며 한국사를 반도사로 왜곡하였다.

중국인은 명 · 청이후, 압록강 이남으로 축소된 이씨조선을 대륙조선과 단절시키기 위해 낙랑군의 역사를 왜곡하였고 일본인은 식민통치의 장기화를 위해 낙랑군의 역사를 왜곡하였다. 그래서 지난 역사상에서 낙랑사가 수난의 중심에 서 있었다.

한국사의 척추에 해당하는 낙랑사를 바로 잡으면 한국사가 바로 선다. 광복 70년! 수난의 낙랑사를 바로 잡아 지난날 찬란했던 한국사를 제자리로 돌려놓아야 할 책무가 지금 한국인의 어깨에 지워져 있다.

낙랑사 왜곡에 앞장선 고조우顧祖禹

요서遼西에 있던 기자조선과 낙랑군 조선현을 대동강유역으로 옮겨 오게 된 과정을 살펴보면 한심하기 짝이 없다. 그러면 애당초 그러한 터무니없는 논리를 조작한 사람은 누구인가.

청나라 이전에는 중국인 중에 기자조선이나 낙랑군 조선현이 대동강 유역에 있었다고 못 박아서 말한 사람은 없다. 그러한 주장을 공개적으로 펼친 사람은 다름 아닌 반청 복명反淸復明 운동에 앞장섰던 민족주의자 고조우顧祖禹(1631~1692)였다.

고조우顧祖禹는 『독사방여기요讀史方輿紀要』라는 지리를 전문으로 다룬 저서를 펴냈는데 그는 이 책의 영평부永平府 노룡현盧龍縣 조항에서 다음과 같이 말했다.

> 조선성朝鮮城은 영평부의 북쪽 40리에 있다. 한漢나라의 낙랑군에 소속된 현縣이다. 지금 조선국의 국경 안에 있다.(朝鮮城 在府北四十里 漢樂浪郡屬縣也 在今朝鮮境內)

고조우는 하북성 영평부에서 북쪽으로 40리가량 떨어진 곳에 위치한 조선성朝鮮城을 설명하면서 먼저 "한漢나라의 낙랑군에 소속된 현이다."라고 말하고 이어서 "지금 조선국의 경내에 있다." 라고 하였다. 고조우가 여기서 말하는 '지금'이란 그가 살았던 청나라시대를 가리키고 '조선'이란 이씨조선을 가리킨다.

청나라 당시의 영평부는 오늘날의 하북성 진황도시 부근에 있었고 조선성은 그 영평부에서 북쪽으로 40리가량 떨어진 곳에 위치하고 있었다.

그러나 청나라 당시의 이씨 조선국은 영평부에서 수천리나 떨

▲ 『중국역사지도집』의 청나라시대 영평부 지도

▲ 하북성 노룡현에 있는
영평부 표지석

▲ 영평부 성문

교과서에서 배우지 못한 우리역사

어진 압록강 이남에 위치하고 있었다. 그런데 하북성 영평부에 있는 조선성을 설명하면서 "지금 조선국의 경내에 있다."라고 못 박아서 말한 것이다.

"조선성은 영평부의 북쪽 40리에 있다. 한漢나라의 낙랑군 속현이다."라는 말과 "지금 조선국의 경내에 있다."라는 말은 내용적으로 전혀 연결이 되지 않는다. 그야말로 "비오는 달밤에 단둘이 홀로 앉아"와 같은 어불성설이요 언어도단이다. 가위 논리의 비약을 넘어 모순의 극치를 보여준 단적인 사례라고 할 수 있다.

하북성 노룡현에 있는 조선성에 대하여 송宋나라 낙사樂史의 『태평환우기』는 「평주平州 노룡현盧龍縣」 조항에서 "바로 기자가 봉함을 받은 땅이다.(卽箕子受封之地)"라고 말했고 『명일통지明一統志』 권5 「영평부」〈노룡현 고적古蹟〉 조항에는 "기자가 봉함을 받은 땅으로 전해온다.(相傳箕子受封之地)"라고 기록되어 있다.

이는 청나라이전 명나라 때까지는 하북성 노룡현에 있던 조선성을 기자조선의 유적으로 본 것이 학계의 공식적인 견해였음을 보여준다. 그런데 이런 기존의 공식적인 견해를 묵살한 채 "지금 조선의 경내에 있다."라고 못 박아서 말하여 기자조선과 한漢나라의 낙랑군 조선현을 대동강유역으로 옮겨 온 장본인이 바로 고조우顧祖禹인 것이다. 그러면 낙랑사 왜곡에 앞장섰던 고조우는 과연 어떤 인물인가.

고조우는 강소성江蘇省 무석無錫 사람으로 명나라 숭정崇禎 4년 (1631)에 태어나 청나라 강희康熙 31년(1692)에 서거했는데 반청복명反淸復明의 의지가 매우 강한 학자였다.

고조우는 강희康熙 연간에 서건학徐乾學의 재차 삼차에 걸친 간절한 초빙을 받아들여 『대청일통지大淸一統志』의 편찬 작업에 참여했는데 민족의 기절을 굳게 지키며 청나라 조정으로부터 일체의 관직을 받지 않았다. 심지어 책이 완성된 뒤에 서명署名하는 것조차도 거절하였다. 이는 그가 민족의식이 얼마나 투철한 인물이었는지 잘 설명해주는 대목이다.

『독사방여기요』는 대략 강희 31년(1692) 이전, 즉 고조우의 나이 50세 전후에 완성된 것으로 추정한다. 그리고 『대청일통지』는 청나라시대에 3차에 걸쳐서 편찬 작업을 진행했는데 강희 25년 (1686)에 편찬을 시작하여 건륭乾隆 8년(1743)에 1차적으로 완성하였다.

강희 25년에 편찬을 시작하여 건륭 8년에 완성을 본 제 1차분 『대청일통지』의 편찬에 고조우가 참여했는데 『대청일통지』「영평부永平府」〈고적古蹟 조선고성朝鮮故城〉 조항의 기록 내용이 그의 저서 『독사방여기요』「영평부永平府」〈노룡현盧龍縣〉 조항의 기록 내용과 흡사한 것으로 미루어 보아서 『대청일통지』에 나오는 조선성 관련 기록은 역시 고조우의 작품일 가능성이 농후하다.

따라서 영평부永平府의 조선성朝鮮城에 대하여 "기자수봉지지箕子受封之地, 즉 기자가 봉함을 받은 조선의 땅이다."라는 『진서』·「위서」·『태평환우기』 등에 실린 기존의 주장을 배제하고 『대청일통지』와 『독사방여기요』에서 아무런 근거도 없는 "지금 조선의 국경 안에 있다.(在今朝鮮境內)"라는 내용을 일방적으로 덧붙인 고조우가 요서遼西에 있던 기자조선과 낙랑군 조선현을 대동강유역으로 옮겨다 놓은 장본인이라는 것은 두 말할 나위 없다고 하겠다.

3강 낙랑의 장

낙랑사 왜곡의 원흉 고염무顧炎武

병을 치료할 때는 대중 요법적인 임시처방보다는 병근, 즉 병의 뿌리를 알아야 근본적인 치료를 할 수가 있다. 역사의 경우도 예외가 아니다. 최초에 누구에 의해서 어떻게 왜곡되었는지 그 뿌리를 알고 나면 역사의 진상을 밝히는 일이 의외로 쉽게 가닥이 잡힐 수 있다고 본다.

오늘날 한국의 상고사 중에서 고조선사, 특히 낙랑사가 왜곡이 많은데 그것의 단초를 연 사람은 청나라 초기의 고증학자로 이름이 높았던 고염무顧炎武(1613~1682)라고 할 수 있다. 고조선사·낙랑사 왜곡에 앞장선 장본인이 고조우顧祖禹라면 그러한 단초를 만들어 준 원흉이 『일지록日知錄』의 저자 고염무인 것이다.

고염무는 명말 청초明末淸初에 태어나 일생을 반청反淸 운동에 앞장섰던 인물이다. 그는 『일지록』 32권을 저술했는데 31권 「논지리論地理」에서 이렇게 말하였다.

▲ 청나라시대의 학자 고염무

『일통지』에 말하기를 '조선성은 영평부 경내에 있는데 기자가 봉함을 받은 곳이다.'라고 하였다. 그렇다면 이것은 기자가 오늘날의 영평부에서 봉함을 받았다는 것이 된다. 그 당시 유신들 가운데 조금이나마 고금의 역사를 아는 이로 하여금 기록을 담당하도록 하였다면 어찌 이 지경까지 이르렀겠는가. 크게 한숨지을 따름이다.(一統志 乃曰 朝鮮城 在永平府境內 箕子受封之地 則是箕子封於今之永平矣 當日儒臣 令稍知今古者 爲之 何至於此 爲之太息)

고염무가 여기서 말한 『일통지』는 명나라 때 국가에서 편찬한 지리총서인 『명일통지明一統志』를 가리킨 것이다. 아마도 고염무가 이 글을 쓸 당시만 해도 그의 후배 고조우가, "영평부永平府의 조선성朝鮮城은 기자가 봉함을 받은 땅이다."라는 기존의 주장을 무시

하고, 일방적으로 "영평부의 조선성은 지금 조선국의 국경 안에 있다.(永平府 朝鮮城 今在朝鮮境內)"라고 말한 내용이 담긴 『대청일통지大淸一統志』는 아직 세상에 나오지 않았던 것이 분명하다.

그래서 고염무는 영평부 경내에 있는 조선성을 기자箕子의 분봉지로 본 『명일통지明一統志』의 기록을 들어 그것은 잘못된 것이며 역사지식이 부족한 유신儒臣들로 하여금 『명일통지』 편찬 작업을 담당하도록 하였기 때문에 그런 어이없는 실수를 저지르게 된 것이라고 개탄한 것이다.

그러면 고염무가 영평부 경내에 있는 조선성을 기자조선의 유적으로 본 『명일통지』의 입장을 비판한 논리적 근거는 무엇인가. 그가 주장하는 논지의 핵심을 요약해 보면 대략 이런 것이다.

옛적에 조선이라는 나라가 있었는데 은나라가 쇠망하자 기자가 은나라를 떠나 조선으로 갔다. 『산해경』에 조선에 관한 기록이 나오는데 그 주석에서 지금의 낙랑군에 소속된 현이라고 하였다. 『산해경』의 주석에서 말한 낙랑군 조선현은 지금의 고려국 경내에 있었다.

모용씨慕容氏가 영주營州의 경내에 조선현을 설치하고 북위北魏가 또 평주平州의 경내에 조선현을 설치했는데 이는 단지 그 이름만 취한 것일 뿐 한漢나라의 낙랑군 조선현과는 완전히 다른 것이다.

(故朝鮮國 武王封箕子於此 志曰 殷道衰 箕子去之朝鮮 山海經曰 朝鮮在列陽東 海北山 南 註朝鮮今樂浪縣 箕子所封也 在高麗國境內 慕容氏於營州之境 立朝鮮縣 魏又於平州 之境 立朝鮮縣 但取其名 與漢縣相去 則千有餘里)

즉 고염무의 주장은 "은나라가 망하자 기자가 찾아갔던 조선과 한漢나라의 낙랑군 조선현은 고려국 경내 즉 청淸나라 당시의 조선 국 경내에 있었으며 영주營州에 모용씨慕容氏가 설치한 조선현과 평 주平州에 북위가 설치한 조선현은 한漢나라의 낙랑군 조선현과는 이름만 같을 뿐 전혀 상관이 없다."는 것이다.

그러나 『진서晉書』와 『위서魏書』에서 조선현 관련 기록을 찾아보 면 고염무의 주장은 전혀 사실무근이며 터무니없는 엉터리 주장 이라는 것이 금방 들통이 난다. 『진서』「평주 낙랑군」〈조선현〉 조 항에는 평주의 낙랑군 조선현이 "주나라가 기자를 봉한 땅(周封箕子 地)"임이 분명하게 밝혀져 있다.

고염무의 말처럼 북위시대에, 기자조선이나 한나라의 낙랑군과는 전혀 무관한 조선현을 모용선비족이 평주에 처음으로 설치한 것이 아니라, 북위가 평주에 조선현을 설치하기 이전인 진晉나라 시대로부터 평주에는 이미 낙랑군 조선현이 설치되어 있었다. 또 그 낙랑군 조선현은 바로 기자조선 지역으로 여러 사서들은 기록하고 있다.

고염무는 『명일통지明一統志』를 아무런 역사지식도 없는 유신儒臣들에 의해 편찬된 보잘 것 없는 책으로 평가 절하했다. 그러나 『진서晉書』는 당나라의 방현령房玄齡・저수량褚遂良 등이 중심이 되어 편찬한 중국 최초의 관찬官撰 정사正史이다.

『진서晉書』는 당나라를 대표하는 뛰어난 학자들이 모여 편찬한 정사인데 거기에 "평주에 낙랑군 조선현이 있다."라고 말하고 그 조선현이 "기자조선이 있던 곳이다."라고 정확하게 기록되어 있는 이유는 어떻게 설명해야 하는가.

여기서 고염무가 말하는 모용씨慕容氏에 대해 잠깐 살펴보면 그들은 삼국시대에 기원을 두고 있다. 삼국시기에 선비족 모용씨 부락의 수령 막호발莫護跋이 부족들을 인솔하고 요서遼西지역으로 이주해 왔고 그 뒤에 사마의司馬懿를 따라 평주에 할거하고 있던 공손연公孫淵의 정벌에 참여하여 전공을 세운 공로로 솔의왕率義王에 봉해졌다.

그 후 서진西晉시기에 이르러 막호발莫護跋의 후예 모용외慕容廆가 오늘날의 하북성 동북쪽과 요녕성 서쪽의 광대한 지역을 점령하여 선비대선우鮮卑大單于를 자칭하였고 모용외慕容廆의 아들 모용황慕容皝은 영웅적인 자질을 갖춘 인물로 전연국前燕國을 창건하였으며 이로부터 정식으로 모용을 성씨로 갖게 되었다.

그런데『위서魏書』「지형지地形志」〈평주 북평군〉 조선현 조항에 보면 이런 기록이 나온다.

> 양한과 진나라시대에는 낙랑군에 소속되었다가 뒤에 폐지되었다.(二漢晉屬樂浪 後罷)

즉 고염무의 말대로 한나라의 낙랑군 조선현은 고려국 경내에 있었고 평주의 조선현은 선비 모용씨가 처음 설치한 것이 아니라 서한·후한 시대를 지나서 진晉나라시대에 이르기까지 조선현은 평주 낙랑군에 계속 소속되어 있었다. 다만 북제시대에 이르러 잠시 동안 폐지되었던 평주의 조선현을 북위北魏시기에 모용선비가 다시 되살려 북평군北平郡에 소속시켰던 것이다.

그러면 영주營州는 왜 낙랑사 왜곡의 빌미가 되게 되었는가. 『진서晉書』의 기록에 의하면 위진魏晉시대에는 창려군昌黎郡·요동국遼東國·낙랑군樂浪郡·현도군玄菟郡·대방군帶方郡을 평주에서 관할하고 있다.

그런데 『위서魏書』「지형지地形志」에는 평주와 별도로 영주營州가 새로 설치되었고 거기에 창려군昌黎郡·건덕군建德郡·요동군遼東郡·낙랑군樂浪郡·기양군冀陽郡·영구군營丘郡 6개 군이 소속되어 있다.

이는 북위北魏시기에 이르러 평주에 소속되어 있던 창려군·요동군·낙랑군 3개 군을 가져오고 거기에 건덕군·기양군·영구군을 새로 추가하여 영주를 새로 설치한 사실을 알려준다.

『통전通典』「영주營州」조항에는 "영주는 은나라시기에 고죽국 지역이고 진秦·양한兩漢·진晉시대에는 요서군 지역이었으며 후위後魏시기 이 지역에 영주가 설치되었다."라는 기록이 나온다. "후위시대에 평주를 분할하여 영주를 설치하고 여기에 창려군 · 건덕군 · 요동군 · 낙랑군 등을 편입시켰다."라는 『위서』「지형지」의 내용과 일치한다.

『진서晉書』「지리지」·『위서』「지형지」당나라 두우杜佑의 『통전』에 따르면 옛 고죽국 지역 오늘날의 하북성 진황도시 · 천안시 일대에 진秦 · 한漢시기에 요서군遼西郡을 설치했고 진晉나라 때는 여기에 평주를 설치하여 창려군 · 낙랑군 · 대방군 등을 관할하다가 북위시대에 이르러 다시 평주를 분할하여 영주를 설치하고 거기서 낙랑군 · 요동군 등을 관할했던 것을 알 수 있다.

고염무는 이 때 영주에 소속된 낙랑군은 북위가 새로 설치한 것으로 한사군의 낙랑군과는 무관하다고 주장하였다. 그러나 북위시대 영주의 낙랑군은 진晉나라시대의 평주에서 낙랑군을 분할하여 영주에 소속시킨 것이고 평주의 낙랑군은 한사군의 낙랑군을 계승한 것이다. 따라서 북위시대에 영주에 설치한 낙랑군이 한漢나라의 낙랑군과 무관하다고 말할 수 없는 것이다.

그러면 고염무와 같은 한 시대를 대표했던 대학자가 왜 이와 같은 터무니없는 엉터리주장을 하게 되었을까. 그 이유는 압록강 이남으로 위축된 이씨조선국을 얕잡아보고 웅대한 고조선이 대륙에 남긴 발자취를 지워버리려는 불순한 의도에서 찾을 수 있을 것이다.

그리고 여기서 평주平州 조선성朝鮮城과 관련하여 한마디 더 보탤 것은 평주 조선성의 원 사료는 『명일통지明一統志』가 아니고 송나라 낙사樂史의 「태평환우기太平寰宇記」이다.

『태평환우기』「평주」〈노룡현〉 조항에서 고죽성孤竹城·요서성遼西城과 함께 '조선성朝鮮城'이 있다는 사실을 언급하고 "이곳은 바로 기자箕子가 분봉을 받은 지역이다."라고 말하였다.

고염무는 황종희黃宗羲·왕부지王夫之 등과 함께 명말 청초의 삼대거유三大巨儒로 지칭되던 인물이다. 그는 『일지록日知錄』 서문序文에서 다음과 같이 쓰고 있다.

어려서부터 독서하면서 얻은 것이 있으면 곧바로 기록하였고 합당하지 않은 것이 있으면 수시로 다시 개정하였으며 혹시라도 옛사람이 나보다 먼저 알고 있었던 것의 경우에는 이를 삭제하였다.

30년의 노력을 기울인 끝에 이 한 책의 편찬을 완성하였다.(自少讀
書 有所得輒記之 其有不合 時復改定 或古人先我而有者 則遂削之 積三十年 乃成一編)

『일지록日知錄』은 고염무 본인이 말한 바와 같이 수정에 수정을 거듭하면서 30년 동안 피나는 노력을 기울인 끝에 완성된 역작이다. 『일지록』 이외에도 『천하군국이병서天下郡國利病書』·『경동고고록京東考古錄』·『21사연표二十一史年表』와 같은 많은 역사관련 저술을 남겼다. 그리고 그는 특히 많은 장서가藏書家로 알려져 있다.

그렇다면 많은 도서를 보유한데다 박학다식하였던 그가 『일지록』을 저술하는 30년 동안 송대宋代 4대사서四大史書 중의 하나인 『태평환우기』를 한 번도 접하지 않았을 리는 만무하고 『태평환우기』를 보았다면 평주 노룡현 조선성의 기록을 당연히 알았을 것이다.

그럼에도 고염무는 송나라의 『태평환우기』에 대해서는 한마디 언급도 하지 않은 채 오로지 『명일통지明一統志』만을 들먹여 영평부永平府 조선성朝鮮城 기록을 비판하면서 그것을 역사지식이 부족한 유신(儒臣)의 무지한 소치로 돌렸다. 그것은 조선을 중원과는 무관한 변방의 오랑캐 무리로 격하시키려는 중화중심주의적 사관에서 비롯된 것이 확실하다고 하겠다.

낙랑사 복원의 실마리 수성현逆城縣

　우리는 위에서 청나라 고증학자들에 의해 제기된 "선비족 북위 정권이 하북성 평주와 영주에 설치한 낙랑군은 한나라의 낙랑군과는 전혀 무관하다는 논리는 새빨간 거짓말이며 진실이 아니라는 사실을 확인하였다.

　그러나 저들의 엉터리 논리가 일제강점기에 위조 가능성이 높은 낙랑유물을 내세운 식민사학자들에 의해 고착화되었다. 또 광복이후에는 불행하게도 일제식민사학을 계승한 이병도사학이 제도권을 장악하고 학파의 주류를 형성하면서 이 대동강 낙랑설이 통설로 작용해 『국사교과서』에 실리게 되었다. 우리국민들은 자기도 모르는 사이에 저들의 위조된 거짓 역사를 학계의 정설로 받아들여 선입관을 형성 해 온 지가 어느덧 반세기가 훌쩍 지났다.

우리는 어떻게 하면 이처럼 철저하게 왜곡되고 파괴된 낙랑의 역사를 오늘에 다시 복원해 낼 수 있을 것인가.

수성현은 『한서』「지리지」에 의하면 낙랑군 25개 현 중의 하나이다. 『후한서』·『진서』까지는 이 수성현이 낙랑군에 소속되어 있는 기록이 보인다.

그런데 북위시대에 수성현은 영웅성이라는 이름으로 바뀌고 여기에는 남영주가 설치되었다. 북위시대에 이르러 서한·동한시대를 거쳐 위진시대까지 그대로 이어져 내려오던 낙랑군 소속의 수성현 체제는 무너지고 낙랑군 관하의 수성현이 아닌 남영주의 치소로서 존재하는 시대가 열린 것이다. 따라서 『위서』에는 수성이라는 이름은 보이지 않고 영웅성으로 대체되어 있다. 그러다가 수隋나라에 이르러 수성이라는 이름이 부활하게 되는데 그러나 이때의 수성은 낙랑군 소속이 아닌 상곡군上谷郡 소속현으로 되어 있다.

오늘날 수천년 전 중국의 지명들이 지금까지 그대로 보존되어 내려오는 것이 허다하다. 예컨대 곡부曲阜·탁록涿鹿·태원太原 등

▲ 하북성 서수현 수성진 지도

이 그러한 것이다. 25개 현으로 출발한 낙랑군의 현들은 시간이 흐르면서 하나둘 그 이름이 사라지고 지금은 그 많던 현들이 다 어디로 갔는지 흔적조차 찾아 볼 수 없다. 그런데 거기서 지워지지 않고 수隋·당唐 이후까지 기적처럼 살아남아 있는 현이 딱 하나가 있다. 그것이 바로 낙랑군 수성현이다.

▲ 하북성 서수현 수성진 인민정부 안내판

중국인들은 낙랑군의 다른 현들은 다 지도상에서 지워버리면서 왜 유독 수성현만은 남겨놓은 것일까. 지우다가 실수로 빠뜨린 것인가 아니면 일부러 석과 불식硯果不食의 의미로 남겨둔 것인가. 아무튼 수·당이후 낙랑군에 소속된 다른 현들은 모조리 지도상에서 지워져버렸는데 수성현이라는 이름은 줄곧 살아있었고 지금까지도 하북성 서수현徐水縣에 수성진遂城鎭 이라는 이름으로 남아있는 것이 확인된다.

따라서 우리는 수성현을 추적하면 가려졌던 낙랑군의 실체가 백일하에 드러나 잃어버린 낙랑군을 복원하는 일이 가능할 수 있다는 희망을 가질 수 있다. 지금 우리가 낙랑군의 정체를 확인하는 방법은 먼저 수성현의 실체를 파악한 다음 그것을 통해 다시 낙랑군의 실체를 추적하면 된다. 그렇게 하는 것이 그동안 왜곡되고 감추어진 낙랑군의 정체를 밝히는 가장 현명한 방법이 될 것이다.

낙랑군 수성현遂城縣은 어디에 있었나

『진태강지리지晉太康地理志』에 "낙랑군 수성현에 갈석산이 있다. 여기가 장성의 기점이다.(樂浪遂城縣 有碣石山 長城所起)"라고 한 기록이 나온다.

"낙랑군에 수성현이 있고 수성현에 갈석산碣石山이 있으며 갈석산이 있는 그 곳이 바로 장성의 기점이다."라는 이 기록은 낙랑군·갈석산·만리장성 등 한국 상고사의 핵심이 되는 주제가 포괄적으로 담겨 있다. 우리가 여기서 주목하고자 하는 부분은 일제 식민사학자에 의해 수안遂安으로 비정된 수성현遂城縣이다.

당唐·송宋이후 낙랑군과 갈석산에 관한 수많은 논의들이 있어왔다. 그런데 이러한 논의들은 문제를 풀기보다는 혼란을 야기시킨 경우가 더 많았고 그러한 경향은 시간이 후대로 내려올수록 더욱 두드러졌다.

지금까지 낙랑군과 갈석산의 정확한 위치비정이 이루어지지 않고 대동강 낙랑설이 쉽게 깨지지 않은 중요한 이유는 갈석산과 낙랑에 대한 논란이 분분하여 중구난방인데 있다.

그러나 이제 낙랑군 25개현 중에 유일하게 살아남은 수성현을 중심으로 실마리를 풀어나간다면 낙랑사 복원의 길이 열릴 수 있다고 보여지는 것이다. 그러면 아래에서 낙랑군 수성현은 역사상에서 어떤 변천을 겪어왔으며 또 오늘날의 어느 지역에 있었는지 문헌을 중심으로 살펴보기로 한다.

서한시대에 설치된 낙랑군은 진晋나라때까지 그대로 보존되었다. 그래서 수성현遂城縣은 줄곧 낙랑군 산하에 소속되어 있었다. 하지만 수隋·당唐 이후에 이르면 낙랑군은 폐지되어 존재하지 않기 때문에 수성현은 그 소속이 상곡군上谷郡으로 바뀌게 된다.『수서隋書』「상곡군」조항에는 수성현이 역현易縣·내수현淶水縣·주현遒縣 · 영락현永樂縣 · 비호현飛狐縣 등과 함께 상곡군 관할 6개 현의 하나로 기록되어 있는 것을 볼 수가 있다.

우리가 여기서 갖게 되는 의문은 『진서晉書』「지리지」〈평주 낙랑군〉 소속 관할 현으로 되어 있는 수성현과 『수서隋書』「지리지」에 나오는 〈상곡군〉 소속 수성현은 과연 같은 현인가 아니면 이름만 같은 다른 현인가 하는 것이다.

상곡군은 진시황 때 오늘날의 북경시 남쪽 즉 하북성 역현易縣 일대에 설치한 군으로 수 · 당시대에도 거기 그대로 존속되어 있

▲ 『중국역사지도집』의 수나라시대 상곡군 수성현 지도

었다.

한漢나라의 낙랑군이 만일 한국의 강단사학자들 주장처럼 대동
강유역에 있었다고 한다면 한나라의 낙랑군 수성현과 수나라의
상곡군 수성현은 결코 동일한 지역이 될 수가 없다. 왜냐 하면 낙
랑군의 영역이 아무리 광활했다 하더라도 압록강을 넘어 중국의
하북성 남쪽까지 도달할 수는 없는 일이기 때문이다.

그리고 낙랑군이 요서遼西 지역에 있었다손 치더라도 그 중심은
오늘날의 하북성 동쪽 노룡현盧龍縣 일대였다. 하북성 동쪽 노룡현
에서 서쪽으로 북경시 남쪽 역현易縣 일대까지는 족히 수 백킬로
미터는 떨어져 있다. 그렇다면 과연 낙랑군의 관할 구역이 하북성
동쪽 노룡현에서 남쪽 역현까지 모두 포괄하여 수나라의 상곡군
수성현이 한漢나라의 낙랑군 수성현과 동일한 수성이 될 수가 있
겠는가.

여기서 이 문제에 대한 의문을 풀기 위해서는 우선 고대 중국
의 전통사회에서 한 군이 차지하는 영역의 넓이가 과연 얼마나 되

었는가 하는 것을 알아볼 필요가 있다.

『통전通典』「범양군范陽郡」〈유주幽州〉 조항에 "처음에 무왕이 은나라를 평정하고 소공 석奭을 연나라에 봉하였다. 진나라가 연나라를 멸망시킴에 이르러 그 땅을 어양 · 상곡 · 우북평 · 요서 · 요동 5군으로 삼았다.(初武王定殷 封召公奭於燕 及秦滅燕 以其地爲漁陽上谷右北平遼西遼東五郡)"라는 기록이 나온다.

이는 진秦나라가 연燕나라를 멸망시킨 뒤에 연나라 영토를 분할하여 어양군漁陽郡 · 상곡군上谷郡 · 우북평군右北平郡 · 요서군遼西郡 · 요동군遼東郡 5개 군으로 행정구역을 나누었다는 것을 의미한다. 그렇다면 연나라의 총 영토면적은 얼마나 되었는가.

『사기史記』「소진열전蘇秦列傳」에 의하면 소진蘇秦이 연나라 문후文侯에게 유세하면서 "연나라의 지방이 2천여 리이다."라고 말한 대목이 나온다. 동양인은 숫자를 말할 때 구체적인 숫자보다는 성수成數 즉 완성된 숫자를 말하기를 좋아했다. 그러므로 이것은 연나라가 강성할 때의 강역이 2천리 내외가 되었던 것으로 이해하면 된다.

물론 군郡의 지형이나 또는 지역의 특수한 상황을 고려하여 다소의 가감은 있었을 수 있지만, 연나라를 분할하여 만든 진秦나라의 5개 군은 대략 한 군당 면적이 400 리 내외에 달하여 그 범위가 상당히 넓었다는 것을 알 수 있다.

『한서』「지리지」에 의하면 상곡군上谷郡은 15개 현 밖에 관할하고 있지 않았다. 그런데 두우杜佑의 『통전通典』「범양군范陽郡」〈유주幽州〉 조항에 "한고조가 상곡군을 분할하여 탁군을 설치했다.(漢高帝分上谷置涿郡)"라는 기록이 보인다. 상곡군은 모두 15개현 밖에 안 되었는데도 거기서 일부를 떼 내어 다시 탁군涿郡을 새로 만든 것이다.

그런데 낙랑군은 『한서』「지리지」에 25개현을 관할 한 것으로 기술하고 있다. 이는 낙랑군이 당시의 다른 군현과 비교해 볼 때 2·3개 군으로 분할해도 될 만큼 상대적으로 규모가 아주 방대한 군이었다는 것을 말해준다.

상곡군上谷郡은 바로 진시황이 연나라를 5개의 군으로 분할할 때 만들어진 군의 하나로서 거기에는 탁록현涿鹿縣이 포함되어 있었다. 탁록현은 현재 북경시 서쪽에 위치해 있고 상곡군上谷郡의 군청 소재지인 역현易縣은 북경시 남쪽에 있다. 북경시를 중심으로 서남쪽에 상곡군上谷郡이 있었던 것을 알 수 있다. 관하에 15개 현 밖에 거느리지 않은 상곡군이 현재의 역현과 탁록현 일대를 포괄하고 있었다면 거리상으로 볼 때 그리 가까운 거리는 아니다.

관하에 25개현을 거느린 낙랑군은 그 규모면에서 볼때 상곡군 보다 거의 배나 더 큰 군이었다. 그렇다면 오늘날 하북성 보정시 서수현徐水縣 수성진遂城鎭이 낙랑군의 25개 소속현 가운데 하나인 수성현遂城縣이었다는 것은 논리적으로 볼때 전혀 불가능한 일이 아니다.

『태평환우기』에 의하면 낙랑군의 25개 현 중의 대표적인 현縣인 조선현은 요서 즉 오늘날의 하북성 노룡현 지역에 있었다. 낙랑군의 노룡현에서 서쪽으로 서수현徐水縣까지의 거리는 상곡군上谷郡의 역현易縣에서 탁녹涿鹿 까지의 거리와 비교할 때 거의 배에 가까운 거리가 되어 보인다. 하지만 낙랑군은 25개현을 거느린 큰 군이었던 점을 감안한다면 수성현이 낙랑군의 서쪽 끝의 현이 되

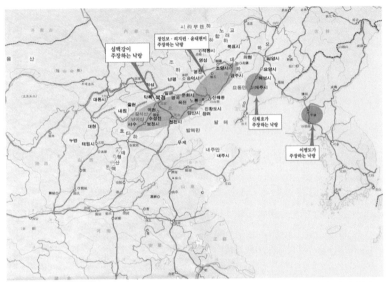

▲ 강단사학 · 민족사학 · 심백강 사학의 낙랑 위치도

는 것은 충분히 가능한 일이다.

　이와 같은 논리를 바탕으로 추정해 보면 낙랑군은 오늘날 하북성 노룡현 일대에서 발해유역을 따라 서쪽으로 서수徐水에 이르기까지 25개현 들이 설치되어 있었으며 따라서 현재의 하북성 진황도시 · 당산시唐山市 · 천진시天津市 · 보정시保定市 일대가 낙랑군의 영역이었던 것으로 추정할 수 있다. 즉 낙랑군 수성현은 낙랑군의

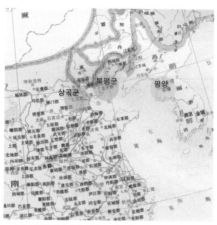

25개 현 중에서 가장 서쪽 끝 부분에 위치한 현이었던 것이다.

가령 낙랑군이 대동강유역에 있었다고 볼 경우 거리상으로 너무 많이 떨어져 있어서 상곡군의 수성현이 낙랑군의 수성현이 된다는 것은 불가능한 일이다. 하지만 요서遼西의 노룡현盧龍

▲ 지도상에서 보면 한반도의 대동강 유역과 수나라의 상곡군은 너무 많이 떨어져 있다는 것을 금방 알수 있다.

縣 지역에 한나라의 낙랑군 조선현朝鮮縣이 있었다고 할 때 수나라의 상곡군 수성현이 본래 한나라의 낙랑군 수성현 지역이었다고 보는 것은 거리상으로 전혀 문제될 것이 없는 것이다.

여기서 우리는 수나라의 상곡군 수성현이 본래는 한나라의 낙랑군 수성현이고 한나라의 낙랑군 수성현은 현재의 하북성 서수현 수성진이라는 결론에 도달하게 되는 것이다.

낙랑군 수성현과 갈석산

하북성 남쪽 역현易縣 부근에 있던 수隋나라의 상곡군 수성현이 한漢나라의 낙랑군 수성현이며, 그것이 현재의 하북성 서수현 수성진이라는 사실은 25개현을 거느렸던 방대한 낙랑군의 행정구역상으로 볼 때 전혀 문제될 것이 없다.

수나라의 상곡군 수성현이 본래 한나라의 낙랑군 수성현이라는 것이 거리상으로만 그 가능성이 증명될 뿐만 아니라 이 양자의 동질성을 입증할 수 있는 결정적인 단서가 또 하나 있다.

『진태강지리지晉太康地理志』에 "낙랑군 수성현에 갈석산碣石山이 있다."라고 말한 부분이 나온다. 이것은 서진西晉시기에는 낙랑군에 수성현이 있고 수성현에 갈석산碣石山이 있었다는 것을 의미한다.

그런데 수隋・당唐 이후의 많은 자료들은 『진태강지리지』의 기록과 달리 수성현이 아닌 지금의 하북성 노룡현盧龍縣에 갈석산碣石山이 있다고 말하였다. 예컨대 『수서隋書』「지리지」는 〈북평군北平郡 노룡현〉 조항에서 "유갈석有碣石" 즉 "여기에 갈석산碣石山이 있다"라고 하였다.

당唐나라 두우杜佑의 『통전通典』에서는 「북평군」〈평주平州 노룡현〉 조항에서 "갈석산이 있다."라고 하였고 송宋나라의 『태평환우기太平寰宇記』역시 「평주平州」〈노룡현〉 조항에서 "갈석산이 있다."라고 소개하고 있다.

따라서 수・당 이후 평주 노룡현盧龍縣에 있던 갈석산은 서진西晉시대 낙랑군 수성현에 있던 갈석산과는 다른 산이라는 것을 알 수 있다. 그렇다면 옛 낙랑군 수성현 지역으로 여겨지는 현재의 하북성 보정시保定市 서수현徐水縣 수성진遂城鎭에는 과연 갈석산이 있는가.

여기에는 수·당시대이후의 노룡현 갈석산이 아닌 그 이전의 한나라 낙랑군 수성현의 갈석산이 있었다고 본다. 이것이 원래의 갈석산이고 지금의 진황도시 노룡현 부근에 있는 갈석산은 후기의 갈석산이다. 하북성 서수현徐水縣 수성진遂城鎭에 있던 갈석산이 현재의 진황도시 노룡현 갈석산과는 다른 원래의 갈석산이라는 사실을 무엇으로 증명할 수 있는가.

소진蘇秦은 연燕나라의 문후文侯를 만나서 이렇게 말하였다.

연燕나라가 동쪽에는 조선朝鮮·요동遼東이 있고 북쪽에는 임호林胡·누번樓煩이 있으며 서쪽에는 운중雲中·구원九原이 있고 남쪽에는 호타滹沱·역수易水가 있는데 지방이 2,000리쯤 된다.(燕東有朝鮮遼東 北有林胡樓煩 西有雲中九原 南有滹沱易水 地方二千里)

그리고 이이서 소진蘇秦은 다음과 같이 말하고 있다.

연나라가 남쪽으로는 갈석碣石·안문雁門의 풍요로움이 있고 북쪽으로는 대추와 밤의 수익이 있으므로 백성들이 비록 경작을 하지 않더라도 대추와 밤의 수익만 가지고도 충분할 것이니 이곳이야말로 소위 말하는 천혜의 땅이다.(南有碣石雁門之饒 北有棗栗之利 民雖不佃作 而足於棗栗矣 此所謂天府者也)

전국시대의 종횡가 소진이 연나라 문후文侯에게 한 말인 이 내용은 『사기史記』 권69 「소진열전蘇秦列傳」과 권29 「연1燕一」에 모두 기재되어 있다. 이것은 소진이 연나라에 유세하러 가서 1년여를 기다린 끝에 겨우 문후文侯를 만날 기회를 얻게 되자 서두에 꺼낸 말로서 다분히 문후에게 잘 보여서 자신의 포부를 펼쳐보려는 의도가 깔려 있다고 하겠다.

그런데 여기서 우리는 소진의 본래 의도와는 전혀 상관없이 전국시대 연나라와 관련된 아주 중요한 정보를 얻을 수 있다. 즉 당시 연나라의 강역이 오늘날의 어느 지역에 해당하는지를 파악하는데 매우 중요한 도움을 얻을 수 있는 것이다.

여기서 소진蘇秦이 말한 "남유호타역수南有滹沱易水"는 당시 연나라의 남쪽변경에 호타하滹沱河와 역수易水가 있었던 것을 가리킨다. 이 호타하와 역수는 지금도 중국 지도상에서 그 지명을 찾아 볼 수가 있다. 호타하는 하북성 보정시保定市 남쪽에 있고 역수는 역현易縣 부근에 위치하고 있다.

그리고 소진蘇秦은 이런 말도 곁들여서 하고 있다.

> 호타하를 건너고 역수를 건너서 4·5일을 넘기지 않아 국도國都에 도달할 수 있게 된다.(渡水滹沱河涉易水 不至四五日 而距國都矣)

이는 연나라의 수도에서 남쪽으로 4~5일이면 당도하는 거리에 호타하와 역수易水가 위치하고 있었던 것을 말해준다. 아마도 역수와 호타하가 연나라와 조趙나라의 사이에 놓인 국경선이었을 가능성이 높다. 그런데 우리는 여기서 특히 소진의 다음 말에 주목할 필요가 있다고 본다.

> 남쪽에 갈석과 안문의 풍요로움이 있다.(南有碣石雁門之饒)

호타하와 역수易水가
연나라와 조나라의 국경
선부근에 위치해 있었다
면 갈석碣石과 안문雁門은
호타하와 역수易水 유역
안쪽에 위치한 연나라 남
쪽 강토임이 확실한데 여
기서 안문雁門은 산서성山
西省 북쪽에 있던 안문산
을 가리킨다.

▲ 안문관 정변루靖邊樓

『산해경』의 「해내서
경」에서 안문산에 대해
설명한 것을 살펴보면
"안문산은 기러기가 그

▲ 『중국역사지도집』의 진晉나라시대 지도

곳에서 나오는데 고류의 북쪽에 있고 고류는 대代의 북쪽에 있
다.(雁門山 雁出其間 在高柳北 高柳在代北)"라고 하였다. 여기서 대代는 고대
의 대국代國·대군代郡이 있던 지역을 가리키는 것으로서 지금도

산서성 태원시 북쪽에 그 후신인 대현代縣이 있다. 대현에는 만리장성의 여러 관문 중에서도 가장 중요한 관문으로 알려진 안문관雁門關이 위용을 자랑하며 우뚝 서 있다.

연나라 남쪽의 호타하·역수易水 유역 안쪽에 위치한 산으로서 안문산과 함께 거명된 갈석산은 하북성 진황도시 노룡현에 있던 갈석산과는 결코 같은 갈석산으로 간주할 수가 없다.

그러므로 우리는 소진이 연나라 문후文侯와 만나서 나눈 이 대화를 통해 전국시대에는 갈석산이 오늘날의 하북성 남쪽 호타하·역현易縣 부근에 있었다는 확실한 증거를 확보하게 된 것이다.

당唐나라 두우杜佑의 『통전通典』「주군州郡」8에는 상곡군上谷郡 관할 하에 역주易州가 있고 역주易州 산하에 역현易縣·수성현遂城縣·내수현淶水縣·용성현容城縣·만성현滿城縣 등 8개 현을 관할하고 있다.
이것은 오늘날의 하북성 보정시保定市가 당나라 때는 상곡군이었고 오늘날의 서수현徐水縣 수성진遂城鎮 은 당나라 때는 역주易州 수성현遂城縣이었음을 말해준다.

현재의 서수徐水라는 지명은 민국民國 2년(1913)으로부터 사용하기 시작했다. 현성縣城 남쪽에 서수徐水가 있어서 붙여진 이름이다. 1937년 일본군에 의해 점령되기도 했던 서수현徐水縣은 1994년부터 보정시保定市에 소속되어 지금까지 계속되고 있다.

현재 서수현 수성진에서는 물론 갈석산이란 이름을 가진 산은 찾아 볼수 없다. 그러나 역현易縣과 서수현徐水縣 부근에는 옛 갈석산碣石山으로 추정되는 산이 있다. 백석산白石山과 낭아산狼牙山이 그것이다. 낭아산은 백석산에서 뻗어 나간 백석산의 지맥이다.

백석산白石山 정상에는 비갈碑碣 즉 비석돌을 닮은 하얀 돌들이 하늘을 이고 여기저기 서 있는 모습을 쉽게 찾아볼 수가 있다. 백석산白石山이란 명칭은 아마도 여기서 유래했을 것이다. 그러나 소진이 연나라 문후를 만나서 이야기하던 전국시대 당시에는 이 산이름은 아마도 백석산白石山이 아니고 갈석산碣石山이었을 것으로

▲ 하북성 지도

▲ 백석산 입구   ▲ 백석산 정상 가는 길

▲ 백석산 정상

추정 된다.

낭아산狼牙山 역시 산위의 돌들이 마치 비석을 세워 놓은 듯 삐쭉삐쭉 하늘을 향해 치솟아 있다. 그 산 이름이 본래는 갈석산碣石

山이었는데 나중에 그 이름을 감추기 위해 모습이 이리의 이빨과 닮았다는 의미로 낭아산狼牙山이라고 명칭을 변경했을 가능성이 있다.

▲ 낭아산 입구

갈석산은 『산해경』「북산경」과 『상서尙書』「우공禹貢」에 그 이름이 등장하는 것으로 미루어 보아 상고시대부터 있어온 산임을 알 수 있다. 그런데 당·송시대의 노룡현, 현재의 창려현에 있는 갈석산은 그 산 이름이 본래는 갈석산이 아니라 계석산碣石山이었다.

▲ 낭아산 정상

계석산에 관한 기록은 반고班固의 『한서漢書』「지리지地理志」에 최초로 나온다. 거기 우북평군右北平郡 여성현驪城縣 조항에 "대계석산이 현의 서남쪽에 있다. 왕망이 이를 계석산이라 하였다.(大揭石山 在

3강 낙랑의 장

縣西南 莽曰揭石”라고 적혀 있다.

당나라 두우杜佑의 『통전』에 의하면 진·한시대의 우북평군은 진晉나라때 요서군으로 되었고 수·당시대에는 북평군으로 변경되었으며 군청 소재지가 노룡현에 있었다. 게석산은 본래는 노룡현에 있었는데 뒤에 행정구역의 개편에 따라 창려현으로 소속이 바뀌게 되었다.

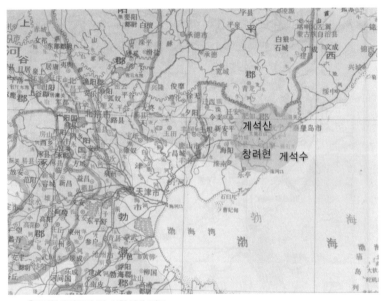

▲ 『중국역사지도집』의 서한시대 지도

전국시대에 소진이 연나라 문후를 만나서 이야기를 나눌 때는 현재의 하북성 창려현에는 갈석산은 존재하지 않았다. 창려현 갈석산은 처음에 왕망이 계석산이라고 이름을 붙였기 때문이다.

그런데 뒤에 동한 말년에 문영文穎이라는 사람이 『한서』「무제기」에 나오는 갈석산에 대해 주석을 내면서 계석산을 가리켜 갈석산으로 해석하였다. 그것이 발단이 되어 중국의 많은 역대 사가들은 이를 근거로 의도적으로 계석산을 갈석산으로 간주함으로써 계석산이 갈석산으로 둔갑하는 사태가 벌어지게 되었다.

▲ 하북성 진황도시 창려현 공안국 갈석산 경구景區 안내판

그러니까 수·당 이후에는 갈석산이 하북성 동쪽의 노룡 갈석, 현재의 창려 갈석으로 옮겨왔고, 하북성 남쪽 호타하滹沱河 유역 안쪽의 안문산雁門山과 함께 거명되었던, 소진이 말

▲ 창려현 갈석산 입구 표지석

한 전국시대 연나라의 갈석산碣石山은 자취를 감추고 사라지게 된 것이다.

그러면 중국의 역대사가들은 굳이 하북성 남쪽에 있던 갈석산을 하북성 동쪽으로 옮겨다 놓으려고 그토록 애를 쓴 이유가 과연 무엇일까. 그것은 오늘날은 압록강이 중국과 조선을 나누는 경계선이 되었지만 고대에는 갈석산이 중원과 고조선을 가르는 기준으로서 작용했다. 즉 갈석산이 어디에 위치해 있었느냐에 따라서 쌍방이 소유한 역사영토의 넓이가 확연히 달라졌기 때문이다.

그러나 소진이 연燕나라 문후를 만나서 "연나라 남쪽에 갈석碣石·안문雁門의 풍요로움이 있다."라는 말을 남긴 이상 수隋·당唐 이전에는 하북성 남쪽 호타하 역수 부근에 갈석산이 있었던 것은 분명한 사실이다. 그 때의 갈석산은 한나라의 낙랑군 서쪽 끝 수성현에 있던 갈석산이며 낙랑군 수성현 갈석산은 오늘날의 서수현 수성진에 있는 백석산이라는 것은 숨길 수는 없는 진실이라고 하겠다.

낙랑군 수성현과 만리장성의 동쪽 기점

만리장성의 동쪽기점은 한국과 중국의 역사영토를 결정짓는데 있어 매우 중요한 의미를 갖는다. 만리장성의 길이를 늘이려는 시도가 중국에서 과거로부터 오늘에 이르기까지 줄곧 진행되어 온 것은 이러한 연유 때문이다.

오늘날 중화인민공화국 지도상에는 만리장성의 동쪽 끝이 산해관 부근으로 그려져 있다. 그리고 거기에는 진황도시秦皇島市가 있어 마치 진시황 때 쌓은 만리장성의 동쪽 기점이 이곳인 것 같은 인상을 주고 있다. 그러나 이것은 역사적 사실과 부합되지 않는다. 산해관에서부터 북경에 걸쳐 쌓은 장성은 진시황 때 장수

몽념蒙恬을 시켜 쌓은 만리장성이 아니라 명나라 때 주원장朱元璋이 서달徐達에게 명하여 쌓은 명나라 장성이기 때문이다.

현재 만리장성의 기점을 다룬 최고의 사료는 서진 무제西晉武帝 태강太康시기에 편찬된 『태강지리지太康地理志』이다. 그런데 거기에 "낙랑군 수성현에 갈석산碣石山이 있으며 이곳이 장성長城의 기점이다.(樂浪郡遂城縣 有碣石山 長城所起)"라고 기록되어 있다.

『태강지리지』는 서진 무제시기에 당시의 학자들이 직접 쓴 책이라는 점에서 사료적 가치가 높다. 청淸나라의 필완畢沅은 『태강3년지지집본太康三年地志輯本』1권을 편찬하면서 이 책은 당시의 저명한 지리학자들에 의해 쓰여 진 것으로 추정하였다.

『진태강지리지』에서는 "낙랑군 수성현에 갈석산이 있고 거기서 장성長城이 시작되었다."라고 말하였다. 그러므로 수성현이 있고 갈석산이 있고 장성의 기점이 있어서 이 세 가지 사항이 모두 부합되어야만 『진태강지리지』에서 말하는 지역과 동일한 지점으로 간주할 수 있다.

산해관 부근의 창려현昌黎縣에 발해를 마주하여 갈석산이 있다.

그러나 창려현에는 지난 역사상에서 어느 왕조에서도 수성현이 설치된 적이 없다. 또 그곳에 있는 장성은 명나라 때 쌓은 명장성明長城이지 진시황 때 쌓은 만리장성이 아니다. 따라서 현재 갈석산이 있는 산해관 부근의 창려현은 『진태강지리지』에 말한 낙랑군 수성현과는 다른 지역이라는 것을 알 수 있다.

하북성 서수현에는 낙랑군 수성현과 동일한 이름의 수성진이 있고 갈석산의 변경된 이름으로 보이는 백석산이 있다. 뿐만 아니라 만리장성의 동쪽기점으로 여겨지는 연나라의 고장성古長城 유적이 있다.

『서수현지徐水縣志』 권1 「건치구획建置區劃」〈수성향遂城鄉〉 조항에는 "연나라의 옛 장성이 수성의 북쪽에 있다.(有燕古長城於遂城北)"라는 기록이 나온다.

진시황의 만리장성은 통일천하를 이룩한 다음 전국시대 7국의 장성들을 연결시켜 쌓은 것이다. 따라서 동방 6국 중에 가장 동쪽에 있었던 연나라 장성이 만리장성의 동쪽기점이 되었을 것은 당연한 일이다. 그런데 수성遂城 북쪽에 연나라의 고장성古長城이 있다는 것은 여기가 바로 만리장성의 동쪽 끝이라는 것을 알려주는 중요한 단서가 된다고 할 것이다.

그리고 민국民國시기에 편간된 『서수현신지徐水縣新志』「고적古迹」 조항에도 "옛 장성이 서수현의 서북쪽 25리에 있다. 예로부터 진시황이 장수 몽념을 무수武遂로 보내 장성을 쌓았다고 전해진다.(古長城 在縣西北二十五里 舊傳秦始皇 遣將蒙恬於武遂 築長城)"라고 나와 있다. 여기서 말하는 무수는 수성의 전국시대 지명이다.

▲ 하북성 서수현 수성진에 있는 고성 유적 안내판

▲ 하북성 서수현 수성진에 보존되어 있는 전국시대 연나라 장성 유적

이것은 진시황이 몽념을 시켜서 쌓은 만리장성의 출발점은 바로 현재의 서수현 수성진이라는 것을 증명하는 결정적인 단서가 되기에 충분하다고

본다. 현재 하북성 서수현徐水縣 수성진遂城鎮 수성촌遂城村에는 하북성 중점문물로 지정되어 보호되고 있는 장성이 있다. 그곳 장성이 바로 진시황이 쌓은 만리장성의 동쪽 출발점인 것이다.

전 중국에서 『진태강지리지晉太康地理志』에 말한 "수성현이 있고 갈석산이 있으며 진장성의 출발점이 있다."라는 이 세 가지 조건을 나름대로 모두 충족시키고 있는 지역은 현재의 서수현 수성진 단 한 곳 뿐이다. 따라서 서수현 수성진의 백석산 부근에 있는 옛 연나라 장성이 만리장성의 동쪽기점이라는 사실은 거의 확실하여 이론의 여지가 없어 보인다.

일부 민족사학자가 하북성 창려현에 있는 갈석산을 낙랑군 수성현의 갈석산으로 비정하고 이를 만리장성의 동쪽기점이라고 주장하는 견해를 피력한 바 있다. 그러나 이는 대동강 낙랑설에 비해 진일보한 것은 사실이지만 역시 오류를 범한 것이며 정확한 견해는 아니라고 하겠다.

황해도 수안으로 둔갑한 낙랑군 수성현

한국사학계의 태두로 일컬어지는 두계 이병도는 『한국고대사연구』「낙랑군고樂浪郡考」에서 『진태강지리지晉太康地理志』에 말한 낙랑군 수성현遂城縣에 대해 "지금 황해도 북단에 있는 수안遂安에 비정하고 싶다."라고 말했다.

수안遂安과 수성遂城은 엄연히 다른 지명이다. 앞에 나오는 한 글자가 동일하다고 해서 모두 같은 지명으로 취급한다면 그 숫자를 헤아리기 어려울 만큼 같은 지명이 많아 질 것이다.

황해도 수안遂安이 『진태강지리지』에 말한 수성이 되기 위해서는 그곳에 역사적으로 수성현이 설치된 적이 있어야 하고 갈석산이 있어야 하며 만리장성의 출발점이 있어야 한다. 그러나 황해도 수안에서 과연 『태강지리지』에 말한 세 가지 요소를 충족시킬만한 근거를 찾을 수 있는가.

수안遂安이라는 지명의 수遂자가 수성현遂城縣의 수遂자와 같다는 점 말고는 그 어떤 것도 황해도 수안이 낙랑군 수성현이 될 수 있는 근거를 발견할 수가 없다. 그럼에도 이병도와 같은 대학자가 왜 그렇듯 터무니없는 엉터리 주장을 한 것일까.

낙랑사가 밝혀지면 찬란했던 고조선사가 밝혀지고 고조선사가 밝혀지면 우리 민족이 압록강 남쪽의 반도를 터전으로 삼은 변방의 초라한 민족이 아니라 대륙을 호령하던 동아시아의 역사문화의 주역이라는 사실이 드러나게 된다. 그렇기 때문에 일제는 강점기에 식민통치를 강화할 목적으로 위조 가능성이 높은 낙랑 유물을 대거 발굴, '대동강 낙랑설'을 제기하며 한국사를 반도사로 왜곡하는데 혈안이 되어 있었다.

그런데 일제의 낙랑사 왜곡을 하루 아침에 무너뜨릴 수 있는 열쇠가 『진태강지리지』의 "낙랑군 수성현에 갈석산이 있고 여기

▲ 중국역사박물관에서 펴낸 『화하문명사 도감』에 실려 있는
진장성도. 만리장성이 북한 지역까지 연장되어 있다.

가 장성의 기점이다.(樂浪遂城縣 有碣石山 長城所起)"라는 몇 글자 안 되는 이 짧은 문장 속에 담겨 있다. 그래서 일제의 식민사학자들은 여기서 말하는 수성遂城을 황해도 북단의 수안遂安에 비정하였고 그 결과 만리장성의 동쪽 끝이 황해도 수안이 되는 웃지 못 할 사태까지 벌어지게 된 것이다.

중국학자들이 그린 어떤 지도에는 실제 만리장성의 길이를 황해도 수안까지 연장해 놓은 것을 볼 수가 있는데 이는 일제가 수성을 수안으로 해석한데 따른 것으로 그 원인 제공자는 바로 일제의 식민사관인 것이다.

일제강점기에 태어나 경성제국대 사학과를 졸업하고 총독부 산하 조선사편수회에 취직한 이병도는 낙랑군이 대동강 유역에 있었다는 일제의 식민사관이 자기도 모르는 사이 그의 선입견으로 자리 잡아 머릿속 깊이 각인되어 있었을 것이다. 그런 연유로 이병도는 일제가 파놓은 함정에서 벗어나지 못한채 수성遂城을 수안遂安으로 비정하는 것과 같은 엄청난 실수를 저질렀다고 본다.

이병도가 식민사관의 영향을 받은 것은 운명적으로 불가피한 것이었다. 그리고 또 그가 활동했던 시기는 일제의 주장과 다른 어떤 견해가 있었다 손치더라도 그것을 자유롭게 발표할 수 있는 학문의 자유가 보장되지 않은 불행한 시절이 아니었던가.

문제는 이병도가 아니라 지금 한국 역사학계의 주류를 형성하고 있는 강단사학자들이다. 도대체 저들은 광복 70년 가까운 세월동안 일제가 망가뜨린 우리 역사를 바로 세우기 위해 어떤 노력을 하였는가.

일제야 식민통치를 강화하기 위해 이런 엉터리 논리를 양산했다고 치자. 어찌하여 우리 국사학자들은 광복이후에 그것을 반박하기는커녕 고스란히 계승하는데 열을 올리고 있는 것인가. 아직도 일제의 식민잔재를 훌훌 털어버리지 못한 채 그 속에서 허우적대고 있는 진정한 속내가 도대체 무엇이란 말인가.

한국은 지금 동북아시아 역사전쟁의 소용돌이의 중심에 서 있다. 우리가 압록강 서쪽 동북사를 방치하고 있는 사이 중국은 동북공정을 통해 고구려·발해사에 이어 고조선·부여·백제사까지 모조리 중국 역사에 포함시키고 있다.

그럼에도 불구하고 식민잔재를 계승하여 대동강 낙랑설을 주장하는, 일부 강단사학자의 잘못된 논리가 『국사교과서』에 여전히 통설로 기재되어 시정되지 않고 있다. 그로 인해 역사전쟁에 대응은커녕 한국의 내일을 짊어지고 나갈 젊은 청소년들의 민족혼이 썩어가고 있는 현실이 몹시 안타까울 따름이다.

낙랑군 수성현과 고조선의 서쪽 변경

황해도 수안은 지명이 낙랑군 수성현과 '수' 자 한 글자가 일치
된다는 것 외에는 만리장성도 없고 갈석산도 없다. 따라서 『진태
강지리지』에 말한 "낙랑군 수성현 · 갈석산 · 장성기점"이 세 가지
조건 중 그 어느 것 하나도 충족시키지 못한다.

산해관 부근의 창려현에는 갈석산이 있다. 하지만 그 갈석산은
원래 왕망이 계석산이라고 명명한 것을 수 · 당 이후에 갈석산으
로 고쳤다. 또한 거기에는 명나라 장성이 있을 뿐 진나라의 만리
장성은 없다. 그러므로 만리장성의 기점도 아니다. 그리고 그곳에
는 역사상에서 낙랑군 수성현이 설치된 적도 없다. 따라서 하북성
창려현은 『진태강지리지』에 말한 그 낙랑군 수성현은 될 수가 없

는 것이다.

　그런데 하북성 역수易水 유역의 서수현徐水縣 수성진遂城鎭은 우선 낙랑군 수성현과 지명이 정확히 일치한다. 이곳은 전국시대 이후 몇 차례 변동은 있었지만 줄곧 수성이라는 명칭을 지금까지 유지해 왔다.

　그리고 그곳에는 갈석산碣石山의 다른 이름으로 추정되는 백석산白石山이 있고 또 만리장성의 동단으로 여겨지는 연燕나라의 고장성古長城이 있다. 따라서 서수현 수성진은 『진태강지리지』에서 말한 낙랑군 수성현으로서 충족해야 할 세 가지 조건을 모두 구비하고 있는 셈이다.

　현재의 하북성 서수현 수성진이 『진태강지리지』에 말한 서진시대의 낙랑군 수성현이 확실하다고 할때 중국 한漢나라와 대치했던 고조선의 서쪽 국경선은 당연히 황해도 수안이나 하북성 동쪽 창려현이 아닌 하북성 남쪽 수성진이 되게 된다.

　한무제가 서기전 108년 고조선의 서쪽변경을 침략하여 한사군을 설치하기 이전 조선국은 요서에 그 심장부가 있었다. 따라서 조선은 당시에 현재의 압록강 서쪽이 아닌 하북성 남쪽 갈석산 부근, 진한시대의 상곡군 지역에서 한漢나라와 국경을 마주하여 대치하고 있었다. 한무제는 조선의 서쪽변경인 한나라시대의 낙랑군 수성현, 현재의 서수현 수성진을 넘어와서 조선을 공격하고 한사군을 설치했던 것이다.

『산해경』의 기록을 통해서 고조선이 발해의 모퉁이에 있었던 것을 알 수 있고 『회남자』의 기록에 의해서 고조선과 낙랑군 조선현이 요서의 갈석산 부근에 있었다는 사실을 알 수 있다. 하지만 우리는 그동안 고조선의 서쪽변경이 어디인지 그 정확한 위치를 알 길이 없었다.

그런데 이제 진나라 『태강지리지』와 당나라 두우의 『통전』 그리고 「서수현지徐水縣志」 등의 기록을 통해서 당나라의 역주易州 수성현이 오늘날의 서수현 수성진이며 그 수성진이 바로 한漢나라의 낙랑군 수성현이라는 사실이 분명해졌다.

따라서 중국의 한漢나라와 국경을 마주했던 고조선의 서쪽변경은 압록강유역이나 하북성 동쪽 창려현이 아닌 오늘날의 하북성

▲ 한나라와 조선의 국경선

보정시保定市 서수현徐水縣 수성진遂城鎮 이라는 매우 중대한 역사적
사실이 새롭게 밝혀지게 된 것이다.

    고조선의 강역은 지금까지 우리가 생각해왔던 것보다 훨씬 더
서쪽으로 확대되어 있었다. 그야말로 중원의 심장부가 고조선의
통치영역이었던 것이다. 그동안 우리는 낙랑군이 대동강유역에
있었다는 잘못된 식민사관에 발목이 잡혀 고조선의 실체를 제대

로 파악하지 못했다. 아직도 식민사관을 계승한 일부 강단사학은 청천강 패수설을 외치며 어린애 잠꼬대 같은 몽상에서 벗어나지 못하고 있다. 참으로 한심하기 짝이 없는 일이다.

연암 박지원은 『열하일기』에서 "싸우지도 않고 우리 역사영토를 스스로 축소시킨다.(不戰自縮)"라고 지적하면서 조선의 사대주의자들의 잘못된 역사인식을 일깨웠다.

현재 일부 식민사관을 탈피하지 못한 강단사학자들은 단군조선을 신화로 치부하여 자기의 국조를 우상으로 만들고 있다. 또 대동강 낙랑설을 추종하여 우리의 역사영토를 연암이 지적한대로 싸우지도 않고 압록강 안으로 축소시키고 있다. 그리고 그러한 학설이 교과서에 실려서 민족정기를 파괴하는 주범이 되고 있다. 생각이 여기에 이르면 가슴이 저려온다.

4강

삼한 · 부여의 장

4강 삼한·부여의 장

하북성 남쪽 고대 한국

부여扶餘의 해씨解氏와 해왕성解王城 유적

북부여 발상지 예하濊河

포오거蒲吾渠는 부여하扶餘河

예하濊河는 호타하滹沱河 부근의 강

호타하滹沱河 는 어디에 있는가

북부여는 호타하滹沱河 유역

하북성 남쪽 고대 한국

한반도 남부지방에서는 삼한이 발전하였다. 한강이남 황해안 지역을 중심으로 마한이 자리를 잡았는데, 기록에 의하면 마한에는 54개의 소국이 있었으며, 그 중에서 가장 강력한 목지국의 지배자가 마한의 왕으로 행세했다고 한다. 진한과 변한에는 각각 12개의 소국이 있었다.

이것은 중학교 『국사교과서』에 나오는 삼한의 역사에 대해 서술한 내용이다. 삼한이 한반도 남부지방에 자리를 잡고 발전한 것으로 설명하고 있다. 그러나 중국의 사료에 등장하는 고대 한국에 관한 기록을 살펴보면 오늘날 우리나라 『국사교과서』에 보이는 내용과는 크게 다른 것을 발견하게 된다.

『시경詩經』「대아大雅」〈한혁편韓奕篇〉은 서주西周 선왕宣王시기의 시로 알려져 있다. 그런데 여기에 '한성韓城'에 관한 기록이 나온다. 이 한성韓城에 관한 내용은 춘추시대 이전 고대 대륙한국의 역사를 전해주는 소중한 내용이다.

중국 역사상에 등장하는 고대 한국은 두 개가 있었다. 하나는 지금의 섬서성 한성현韓城縣 남쪽에 서주西周 희성姬姓의 한국韓國이 있었다. 이 희성의 한국은 춘추시대에 이르러 진晉나라에 통합되었다. 다른 하나는 하북성 남쪽 고안현固安縣 동북쪽의 연燕나라와 가까운 지역에 있었는데 이 한국은 동이東夷 맥족貊族의 한국이었다.

『시경』「한혁편」시에 나오는 한성韓城은 거기에 연燕나라를 가리키는 '연사燕師'라는 말이 있고 또 맥족貊族을 지칭하는 '추맥追貊'이라는 말이 등장하는 것으로 볼 때, 서주西周 희성姬姓의 한국韓國이 아닌 하북성 남쪽 고안현固安縣 동북쪽의 연燕나라와 가까운 지역에 있던 동이東夷 맥족의 한국을 지칭한 것임이 분명하다.

『대청일통지大淸一統志』에는 "한성韓城이 고안현固安縣 서남쪽에 있다.(韓城 在固安縣西南)"라는 기록이 보인다. 『고안현지固安縣志』에는 "지금은 한후영韓侯營이라고 하는데 현縣의 동남쪽 18리에 있다.(今名韓侯營 在縣東南十八里)"라고 하였고 『독사방여기요讀史方輿紀要』「고안현」조항에는 "한채영이 현縣의 남쪽에 있는데 혹자는 이를 옛 한성이라 한다.(韓寨營在縣南 或以為古韓城也)"라고 하였다.

이런 기록들을 종합해 본다면 하북성 고안현固安縣에 있던 고대 한국의 한성韓城이 한후영韓侯營·한채영韓寨營 등으로 그 명칭이 변경되어 전해온 사실을 알 수가 있다.

우리 한국은 예맥민족의 나라이다. 그런데 중국의 서주西周시대에 맥족의 한성韓城 즉 고대 한국韓國의 한성이 북경시 남쪽 고안현固安縣 지역에 있었다고 한다면 고대 한국의 영토는 현대 한국과는 달리 한반도를 넘어 내륙 깊숙이 들어가 자리 잡고 있었다는 사실을 확인시켜준다.

『서수현지徐水縣志』「서수 고적古迹」조항에는 한가영韓家營을 소개

하는 내용이 실려 있는데 "이 유적 가운데서 하가점하층문화夏家店
下層文化의 인소를 다분히 함유하고 있는 여러 가지 유물들이 발굴
되었다."라고 말하고 있다.

하북성 서수현徐水縣은 고안현固安縣에서 훨씬 더 남쪽방향으로
내려가서 보정시保定市 관할로 되어 있는 현이다. 어느 무더운 여
름날 모택동이 기차를 타고 지방을 순시하다가 지난날 기차여행
을 할 때 자신을 성심성의껏 시중 들어준 모란강 출신 역무원 김
육봉金毓鳳이 불현 듯 보고 싶자 국가주석 체면에 차마 말은 못한
채 기차를 멈추고 몇일 동안 시위를 벌였던 일화로 유명한 곳이
바로 여기다. 지금 이 지역에는 모택동의 기념관이 세워져 있다.
그런데 여기에 한가영韓家營이 있고 그 유적에서 하가점하층문화
와 동일한 계통의 문화유적이 발굴되었다.

▲ 하북성 서수현에 있는 모주석 기념관

하가점하층문화, 그것은 고조
선이 남긴 문화유적이라는 것은
이제는 거의 공인된 사실이라 해
도 과언이 아니다. 그런데 내몽고
적봉시 하가점하층문화 유적과
동질성을 띤 문화유적이 하북성

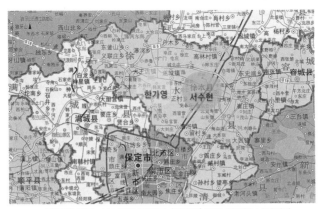

▲ 하북성 지도, 서수현에 지금도 '한가영'이란 지명이 남아있다.

남쪽 서수현徐水縣의 한가영韓家營 유적에서 발굴되었다는 것은 이 지역이 하가점하층문화와 동일계통의 문화권이었다는 것을 고고학적으로 입증하는 것이 된다.

▲ 내몽고 적봉시에 있는 하가점 유적지 표지석

상고시대에는 고조선이 대륙에서 구이九夷를 지배한, 동이東夷의 대표적인 국가였다. 내몽고 적봉시의 하가점하층문화는 구이九夷를 통합한 밝달족의 고조선이 이룩한 문화이다.

4강 삼한·부여의 장

207

하지만 『시경』「한혁편」에는 "왕이 한국의 지도자에게 추(예)와 맥을 통치하도록 하였다. 북방의 여러 나라를 포괄하여 그 지역의 최고 통치자로 되었다.(王錫韓侯 其追其貊 奄受北國 因以其伯)"라고 말하였다. 이 기록에 따르면 서주西周 시대에 이르러서는 한국韓國이 다시 맥족을 대표하는 국가로 성장 발전하여 중국대륙을 지배했음을 알수 있다.

『시경』「한혁편」은 먼 옛날 중국의 화하족들이 위대한 자신들의 조상을 찬미하기 위해 쓴 시 중의 한 편이다. 그런데 거기에 고대 예맥족 한국의 무대가 지금의 북경시 남쪽까지 포함하고 있었던 사실이 밝혀져 있다. 밝달족의 국가는 고조선뿐만 아니라 삼한의 국가도 또한 우리 『국사교과서』의 "한반도 남부지방에서 삼한이 발전하였다."라는 내용과 달리 중원에 터전을 잡고 동북아시의 지배자로 군림하였던 것이다.

부여扶餘의 해씨解氏와 해왕성解王城 유적

우리가 서수현徐水縣 고적古迹에서 한가영韓家營 유적과 함께 또 하나 주목하는 것은 '해왕성解王城' 유적이다. '해왕성' 유적에 관한 기록은 『서수신지徐水新志』의 「서수 고적古迹」 조항에 나온다.

해왕성이 현의 서북쪽 40리에 있다.(解王城 在縣西北四十里)

중국의 역사상에서는 사마천 『사기』 「오제본기五帝本紀」를 비롯해서 최후의 왕조사인 『청사고淸史稿』에 이르기까지 '해왕解王'이 있었다는 기록은 찾아볼 수 없다.

그런데 우리의 역사문헌인 『삼국사기』·『삼국유사』·『동사고

기東事古記·『환단고기桓檀古記』 등에는 부여왕夫餘王 해부루解夫婁와
천제天帝의 아들 해모수解慕漱에 관한 기록이 나온다.

『동사고기』에는 해부루가 단군檀君의 아들로 기록되어 있다.
『환단고기』에는 이렇게 말하였다.

> 해부루가 북부여의 제3대 임금 고해사高奚斯의 아들로 태어나, 그
> 형 고우루高于婁가 서기전 86년에 세상을 떠난 뒤 후계자가 없자
> 북부여의 왕위를 계승하였다. 단군조선 말엽의 단군 고열가古列加
> 의 후예 고두막高豆莫(동명왕東明王)이 뒤에 그와 정권을 놓고 다투
> 게 되었다. 그래서 해부루가 추종자들을 이끌고 동쪽 해변의 가섭
> 원迦葉原으로 이동해 가서 동부여를 세웠다.

『삼국유사』에는 "해부루는 북부여왕 해모수의 아들로 해모수
를 이어 왕위에 올랐는데 뒤에 동명왕東明王에게 북부여를 넘겨주
고 동해의 바다가로 이주하여 동부여를 세웠고 해부루의 동부여
는 금와왕金蛙王·대소왕帶素王으로 이어지다가 고구려왕 무휼無恤에
의해 멸망한 것"으로 기록되어 있다.

『삼국사기』에는 「고구려본기」제1 〈시조동명성왕始祖東明聖王〉 조항에 해부루와 해모수에 관한 기사가 실려 있는데 『삼국유사』의 기록과 별로 큰 차이가 없다.

여기서 『삼국사기』· 『삼국유사』· 『동사고기』 등의 기록을 바탕으로 해부루 · 해모수 · 주몽朱蒙 3자의 관계를 정리해 보면 해부루와 고주몽은 해모수의 아들인데 이모형제異母兄弟 즉 배가 다른 형제간이 되고 해모수는 단군의 후손이라는 논리로 귀결된다.

『삼국유사』에서 해모수에 대한 설명을 보면 "국호를 북부여라 하고 스스로 이름을 해모수라 했다. 아들을 낳았는데 이름을 부루라 하고 해解로써 씨氏를 삼았다.(國號北扶餘 自稱名解慕漱 生子名扶婁 以解為氏焉)"라고 하였다. 해모수는 모수가 이름이고 성씨는 해씨解氏였던 것이다.

해부루와 고주몽은 다 같은 해모수의 아들인데 왜 하나는 해씨解氏이고 하나는 고씨高氏로 성이 각각 다른 것인 것인가. 『삼국유사』「고구려」조항에 "국호를 고구려라 하고 그로 인하여 고로써 씨를 삼았다.(國號高句麗 因以高為氏)"고 나온다. 이것은 주몽이 국호를

고구려라고 하면서 성씨를 고씨로 바꾼 것이며 그 이전에는 고씨
가 아니었다는 사실을 의미한다.

주몽이 본래 고씨가 아니었다면 무슨 성씨였을까. 『삼국유사』
에 "국호고구려國號高句麗 인이고위씨因以高為氏" 아래 주석으로 기록
되어 있는 "본성 해야本姓 解也"라는 네 글자가 주몽은 본래 고주몽
이 아니라 해주몽解朱蒙이었다는 사실을 알려준다.

그리고 『삼국사기』 「고구려본기」 〈시조 동명성왕〉 조항에 "시조
동명성왕始祖東明聖王 성고씨姓高氏 휘주몽諱朱蒙"이라 말하였는데 "휘
주몽諱朱蒙" 밑에 "일운추모一云鄒牟 일운 口 해 一云口解"라고 부기附記
되어 있다.

해解자 앞의 口 자가 불명확한데 한국의 이병도는 『삼국사기』를
번역하면서 "상해象解"라고 판독했고 북한의 과학원에서 1958년
에 펴낸 『삼국사기』 번역본에서는 이를 "중해衆解"라고 판독했다.
해자 앞의 글자는 "상象"자로 보거나 "중衆"자로 보거나 의미가
정확하지 않기 때문에 둘 다 정확한 판독이라고 할 수 없다. 필자

는 해자解字 앞의 네모꼴로 된 글자는 이병도처럼 "상"자로 보거나 북한의 학자처럼 "중"자로 보는 것보다는 주몽朱蒙의 "몽蒙"자로 보아 "몽해蒙解" 즉 "주몽 해씨朱蒙 解氏"의 줄인 말로 판독하는 것이 합당하다고 본다.

『삼국사기』에 보이는 "해解"자가 『삼국유사』에 나오는 고주몽의 "본성 해야本姓解也"라는 기록에 따르면 고주몽의 성을 지칭한다는 것은 의심의 여지가 없어 보인다. 고주몽은 원래 고주몽이 아닌 해주몽이므로 고구려의 초기 왕들은 『삼국사기』에 그 성씨가 모두 "해씨解氏"로 기록되어 있다.

예컨대 대무신왕大武神王을 또는 "대해주류왕大解朱留王"이라 하였고 민중왕閔中王의 휘諱를 "해읍주解邑朱", 모본왕慕本王의 휘諱를 "해애解愛", 또는 "해애루解愛婁"라 하였다. 그런 다음 국조왕國祖王 즉 태조왕시대로부터는 성씨를 별도로 표기하지 않았다.

『삼국유사』에서도 권1「고구려」조항 주석에서 주몽朱蒙의 본성을 해解라고 했을 뿐 아니라 그 아들 유리瑠璃와 유리의 아들 대무신왕大武神王, 대무신왕의 아들 민중왕閔中王에 대해 모두 성姓은 해씨解氏라고 설명하였다.

이런 것을 미루어 본다면 고구려가 졸본부여卒本扶餘 시기에는 부여의 해씨성解氏姓을 줄곧 사용하다가 고구려를 건국한 다음 태조대왕 시기로부터 해씨解氏가 아닌 고씨高氏 성을 사용한 것이 아닌가 여겨진다.

여기서 우리는 북부여의 해모수, 동부여의 해부루는 물론 졸본부여卒本扶餘의 고주몽 또한 본래는 해주몽으로서 부여의 성씨는 해씨解氏였다는 것을 알 수가 있는 것이다.

그렇다면 부여의 성씨 '해解'란 어떤 의미를 내포하고 있는 것일까. 우리 말에서는 '태양太陽'을 '해'라고 한다. '태양'은 한자어에서 온 말이고 '해'는 태양을 가리키는 순수한 우리말이다.

동방의 아침 해가 선명한 밝달에 살면서 태양을 숭배했던 우리 민족은 나라 이름은 태양을 상징하는 환국桓國·단군조선檀君朝鮮이라하였다. 성씨 또한 태양을 상징하여 '해'로 정했을 것은 충분히 짐작이 가는 일이다. 그렇기 때문에 부여의 성씨 '해解'는 곧 우리 말에서 태양을 가리키는 말 '해'의 한자 표기임이 분명한 것이다.

단군檀君의 후손인 해부루와 해모수의 성씨가 해解라면 그 조상인 단군 또한 해씨解氏였을 것은 자명한 이치 아니겠는가.

『삼국유사』「왕력」제1 〈고구려동명왕〉 조항에서 "주몽朱蒙은 단군檀君의 자손이다."라고 하였다. 주몽이 단군의 자손인데 그의 성씨가 해解였다면 그의 조상인 단군의 성姓이 해解인 것은 긴 말을 필요로 하지 않는 것이다.

환인桓因 · 환웅桓雄의 환桓에서 단국檀國의 단檀 즉 밝달로, 다시 부여扶餘의 해解로 호칭이 바뀌었는데 정확히 말하면 부여는 환성桓姓 해씨解氏가 된다고 하겠다.

현재 한반도 안에서는 해부루 · 해모수와 관련된 유적을 찾아볼 수 없다. 그런데 하북성 서수현徐水縣 고적古迹을 설명하는 내용 가운데 해부루 · 해모수와 연관성이 있는 해왕성解王城에 관한 기록이 나온다.

하북성 남쪽의 고안현固安縣은 고대 밝달족이 세운 한국韓國의 한성韓城이 있던 곳이다. 고안현 남쪽의 서수현徐水縣에서는 고조선의 하가점하층문화와 계통을 같이 하는 한가영韓家營 유적이 발굴되었다. 그런데 거기에 또 해왕성解王城이 있었다. 그렇다면 하북성 서수현에 있던 이 해왕성은 바로 부여의 해씨解氏 왕조王朝와 관련이 깊은 왕성王城일 것이라고 판단되는 것이다.

다만 하북성 서수현의 "해왕성" 유적이 부여의 해씨解氏 왕성王城이 되기 위해서는 북부여 왕조가 그곳에 있었다는 사실이 사료를 통해 증명될 수 있어야 한다. 그것을 과연 증명할 방법이 있겠는가.

북부여의 발상지 예하濊河

부여는 고대 중국의 동북방에 건립되었던 국가로 대략 700년 가량 존속되었다. 부여는 고조선을 계승한 나라이고 후기의 고구려와 백제가 모두 부여에 그 뿌리를 두고 있다. 따라서 한국사 연구에서 부여는 필수 불가결한 요소이다.

그런데 이병도는 「부여고夫餘考」에서 다음과 같이 말하고 있다.

정작 문제는 부여의 기원이라든지 건국 연대에 대하여 먼저 제기되어야 하겠는데 이에 관하여는 지금 우리가 자세히 구명究明할 도리가 없다. (이병도 『한국고대사연구』 박영사, 1987, p. 216)

이병도의 「부여고」에서 보는 바와 같이 부여사는 지금까지 부여의 기원·발상지·건국연대·강역 등 그 어느 것 하나도 제대로 연구된 것이 없는 실정이다.

지금 한국에서 부여사 연구는 거의 전무한 상태라 해도 과언이 아니다. 부여사는 고조선사와 함께 한국사의 뿌리를 형성하고 있는데 부여사 연구가 이처럼 전무한 실정이니 한국사연구가 제대로 될 리 만무한 것이다.

고구려 「영락호태왕비문永樂好太王碑文」에 의하면 "먼 옛날 시조 추모왕이 국가의 기초를 세우실 때 북부여로부터 나왔다.(惟昔始祖鄒牟王之創基也 出自北夫餘"라고 했다. 또한 "동부여는 옛적에 추모왕에 소속된 백성이다.(東夫餘 舊是鄒牟王屬民)"라고 하였다. 이것은 추모왕鄒牟王시대에 북부여와 동부여가 이미 존재했다는 사실을 알

▲ 중국 길림성 집안시에 있는 고구려 호태왕비

려준다. 그렇다면 주몽시대의 북부여와 동부여는 과연 어디에 있었을까.

단재 신채호는 "오소리강(烏蘇里江) 유역에 양 대국(大國)을 건설하였으니 곧 동부여 · 북부여이고 압록강유역에 대국을 건설하였으니 곧 고구려이며 한강유역에 한 대국을 건설하였으니 곧 백제이며 낙동강유역에 양 대국을 세웠으니 곧 가락(駕洛) · 신라이다."라고 하였다. (신채호 『조선상고문화사』 비봉출판사 2007, P. 247)

『대한지지(大韓地誌)』에서는 해부루가 세운 동부여를 동해 바닷가에 있는 강원도라고 하였고 이병도는 해부루의 동부여를 지금의 함경남도 지방으로 간주하였다. (이병도 『국역삼국사기』 을유문화사, 1980, P. 125)

그러나 필자는 북부여는 중국의 하북성 예하(濊河) 유역에 있었다고 추측한다. 그렇게 보는 이유를 관련 사료를 들어 아래에 설명하기로 한다.

『이아(爾雅)』 「주소(注疏)」 · 『예기(禮記)』 「왕제소(王制疏)」 등에는 구이(九夷)

를 설명하는 내용 가운데 구이九夷의 하나로 부유鳧臾가 나온다.

그런데 『자회보字匯補』에는 "부유鳧臾는 동방의 국가명칭인데 바로 부여이다."라고 하였다. 즉 부여가 초기에는 부유라는 이름으로 존재했으며 부유가 변해서 나중에 부여가 되었다는 것이다.

『일주서逸周書』는 춘추시대의 저술로 인정되고 있다. 그런데 여기에 '부유'가 '구이'의 하나로 설명되어 있다. '부유'가 바로 부여라고할 경우 『일주서逸周書』에 나오는 '부유'가 부여에 대한 최초의 기록이 되는 셈이다.

중국의 현대 역사학자 하광악何光岳은 『동이원류사東夷源流史』에서 「부여의 기원과 변천」에 대해 다음과 같이 설명하고 있다.

> 부여는 바로 구이九夷의 하나인 부유鳧臾의 후예이다. 원래는 산동성 임기臨沂 일대에 있었는데 뒤에 한 갈래는 서쪽으로 하남성 내향內鄕으로 옮겨 갔고 다른 한 갈래는 동북으로 옮겨 가 부여국夫餘國을 건립했다.
>
> 『산동통지山東通志』 24권 「강역지疆域志」 제3 〈산천山川〉 추현鄒縣 조

항을 살펴보면 '부산亀山은 현縣의 서남쪽 50리에 있어 어대현魚臺縣과 접경을 이루고 있는데 그곳이 바로「노송魯頌」에 말한 부산亀山이다.' 라고 하였다.『원화지元和志』에는 '부산이 추현 동남쪽 28리에 있다' 라는 기록이 나온다. 따라서 추현의 부산이 부유인亀臾人의 발원지일 가능성이 높다. (何光岳『東夷源流史』江西敎育出版社, 1990, PP.398~401)

▲ 청나라때 만든 혼일강리역대국도지도에 보이는 산동성 추현의 역산

▲ 산동성 역산 입구 안내판

부산龜山에 관한 기록은 『시경詩經』「노송魯頌」의 〈비궁편閟宮篇〉에 나온다. 〈비궁閟宮〉은 어떤 시인가. "주周나라의 희공僖公이 주공周公의 옛 터전을 복구한 것을 칭송한 시이다. (閟宮頌僖公能復周公之宇也)"라고 『모시毛詩』에서 설명했다.

그런데 〈비궁閟宮〉시 가운데는 "부산龜山과 역산繹山을 보유하여 마침내 서국徐國을 황무지로 만들어 해방海邦에 이르니 회이淮夷와 만맥蠻貊과 저 남쪽의 이夷들까지 복종하지 않는 이가 없었다.(保有龜繹 遂荒徐宅 至于海邦 淮夷蠻貊 及彼南夷 莫不率從)"라는 내용이 보인다.

▲ 역산 정상의 정자 위에 걸린 현판 망부望龜, '망부'는 부산龜山을 바라본다는 뜻으로 역산에서 바라보는 쪽에 부산이 있었음을 알려준다.

이것은 산동성 추현鄒縣의 부산龜山과 역산繹山이 본래는 동이東夷의 땅이었는데 주周나라의 주공周公 세력이 이를 침략하여 소유하게 된 경위를 표현한 것이다. 부산龜山은 서주西周 이전에는 구이九夷 중의 하나인 부유인鳧臾人의 터전이었는데 서주가 이를 정벌하여 주공周公을 이곳에 봉하고 노魯나라를 세웠던 것이다.

그렇다면 그곳에 본래부터 토착민으로 거주했던 부유인들은 서방의 주공周公 세력으로부터 침략을 받은 이후 어디로 옮겨 갔던 것일까. 하광악何光岳은 다음과 같이 말했다.

주무왕周武王이 동이東夷를 정벌할 때 많은 동이족들이 압박을 받아 남북으로 뿔뿔이 흩어졌는데 부유鳧臾도 이때 당시의 추현鄒縣, 지금의 산동성 평원현平原縣 서남쪽에 있다가 당시의 유관渝關, 오늘날의 산해관山海關 일대 동북지역으로 이동해 왔다. 부유인浮渝人들은 춘추시대에 지금의 요서遼西 지방으로 옮겨 왔고 전국시대에 이르러서 다시 지금의 길림성 부여 지역으로 이동해 온 것으로 본다. (何光岳 『東夷源流史』 江西教育出版社, 1990, PP.398~401)

"주무왕周武王이 동이東夷를 정벌할 때 많은 동이족들이 압박을 받아 뿔뿔이 흩어졌는데 부유鳧臾도 이때 동북지역으로 이동해 갔다."라고 주장한 하광악의 견해에 대해 필자도 동의한다. 다만 하광악은 여기서 두 가지 실수를 범하고 있는 것으로 보인다.

하나는 부산鳧山이 있는 산동성 추현鄒縣은 오늘날의 산동성 남쪽 끝자락 미산호微山湖 부근 지역으로 여기에 어대현魚臺縣이 있고 어대현 동쪽에 추성시鄒城市가 있으며 추성시 서남쪽에 부산鳧山이 있다. 그런데 이를 산동성 서북부에 위치한 덕주시德州市 평원현平原縣으로 본 것이다.

다른 하나는 "당시의 부유인鳧臾人이 산동성 부산鳧山에서 오늘날의 산해관 일대의 동북지역으로 이동해 왔다."고 했는데 이때 부유인鳧臾人이 이동해 간 곳은 산해관 일대가 아니라 예하濊河 유역이었다고 본다. 부유인鳧臾人이 산동성 부산鳧山에서 예하 유역으로 이동해 갔다는 사실을 무엇으로 증명할 수 있는가.

『삼국지三國志』「위지魏志」〈동이전東夷傳〉의 부여에 관한 기록 가운데 다음과 같은 내용이 있다.

나라의 원로들이 스스로를 옛적에 도망쳐 나온 사람들이라고 말한다.…… 그 나라에서 사용하는 인장의 문안에는 예왕의 인이라고 적혀 있다. 나라에 옛 성이 있는데 예성濊城이라고 호칭 한다.

아마도 본래는 예맥의 땅이었는데 부여가 그곳에서 왕 노릇을 하게 된 것으로서 그들이 스스로 도망쳐 온 사람들이라고 말하는 것은 그만한 이유가 있다고 할 것이다.(國之耆老 自說古之亡人…… 其(國王)印文 言濊王之印 國有故城 名濊城 蓋本濊貊之地 而夫餘王其中 自謂亡人 抑有以也)

여기서 부여국의 나이 많은 노인들이 "자신들은 옛적의 망인亡人 즉 도망쳐온 사람들이라고 스스로 말했다."는 이 기록은, 그들이 예濊땅에 오기 전에 다른 어떤 지역에 살다가 그곳으로 이동해 갔음을 설명해 주는데, 부여인들이 주공周公시대에 부산鳧山을 서주세력에게 빼앗기고 예지濊地로 이동해 온 사실을 반영한 것으로 볼 수 있는 것이다.

그리고 『후한서』 「동이열전」의 부여국에 관한 기록 가운데서도 "본래는 예濊의 땅이었다.(本濊地也)"라고 말한 것을 본다면 부여가 본래는 다른 지역에 있다가 나중에 예 땅으로 이동해 온 것은 확실한 것으로 여겨진다. 따라서 산동성 부산鳧山이 부유인鳧臾人의 첫 출발지점이라면 하북성 예하濊河 유역은 북부여의 발상지라고 판단되는 것이다.

포오거蒲吾渠는 부여하扶餘河

부여사의 올바른 연구를 위해서는 예하를 추적하여 그 정확한 위치를 찾아내는 일이 무엇보다 선행되어야 한다. 그런데 『대청 일통지大淸一統志』 권 18 「예하濊河」 조항에는 예하를 포오거라고 한다는 다음과 같은 기록이 실려 있다.

생각컨대 예하濊河는 일명 포오거蒲吾渠라고 한다. 『후한서後漢書』 「주注」에 『고금주古今注』를 인용하여 '영평永平 10년에 상산常山의 호타하滹沱河와 포오거蒲吾渠를 내왕하는 조운선漕運船을 만들었다.' 고 한 것은 바로 이를 가리킨 것이다.(按此河 亦名蒲吾渠 後漢書注 引古今注曰 永平十年 作常山 滹沱河 蒲吾渠通漕船 即此)

『대청일통지』에 나오는 이 기록은 우리에게 예하와 관련해서 몇 가지 매우 중요한 정보를 제공해 준다.

첫째는 예하濊河가 후한시대 명제明帝 영평永平 연간에는 포오거蒲吾渠로 불려진 사실이다.

둘째는 예하와 호타하滹沱河 는 서로 가까이 있어 연결된 강이었음을 알게 한다.

셋째는 후한시기에 예하는 호타하와 함께 상산군常山郡에 편입되어 있었던 사실을 밝혀주고 있다.

대만 중화학술원中華學術院에서 간행된 『중문대사전中文大辭典』에서도 예하를 포오거라고 설명한 다음과 같은 기록을 발견할 수가 있다.

예하는 예수濊水라고도 한다. 옛날에는 포오거蒲吾渠라 하기도 하고 석구하石臼河라고도 하였다. 과거에는 지금의 하북성 평산현平山縣 서북쪽에서 발원하여 동쪽으로 흘러 호타하滹沱河에 유입되었으나 지금은 상류는 자수滋水에 의해서 어지럽혀지고 하류도 역시 막혀 있다.

『중문대사전』은 『대청일통지』의 내용과 대동소이 하다. 그것은 『대청일통지』의 기록을 그대로 요약 소개한 데 따른 것이라고 본다. 그런데 우리가 이들 내용 가운데서 특별히 주목해야 할 것은 예하濊河가 바로 '포오거蒲吾渠' 라고 말한 부분이다.

왜냐하면 북부여가 이동해 간 호타하滹沱河 부근의 예하濊河가 후한 명제明帝 영평永平 연간에는 포오거蒲吾渠로 호칭되었다는 사실은 예하가 바로 부여하夫餘河임을 밝혀주는 결정적인 단서이기 때문이다.

▲ 금나라시대 지도. '상경로' 옆에 '포여로' 가 보인다.

그렇다면 예하濊河는 포오거蒲吾渠이며 포오거는 바로 부여하夫餘河의 다른 이름이라고 보는 이유는 무엇인가. 거기에는 몇 가지 근거가 있다. 가령 금金나라에서는 서기 1125년 동북방지역을 통일한 다음 거기에 '포여로蒲與路'를 설치하고 흑룡강성과 오소리강烏蘇

里江 유역의 고대 부여국이 차지하고 있던 광대한 지역을 관할하도록 하였다.

'복여위福餘衛'는 명明나라 올량합兀良哈 3위衛의 하나로 홍무洪武 22년(1389)에 설치했는데 관할 경계가 처음에는 흑룡강성 눈강嫩江 하류 일대였다가 나중에 남쪽으로 지금 요녕성의 요양·심양·철령·개원 등의 시·현 일대로 확대되었다. 그 지역이 원래 옛 부여국夫餘國이 있던 곳이어서 그런 명칭이 붙여진 것이다.

금나라에서 설치한 '포여로蒲與路'와 명나라에서 설치한 '복여위福餘衛'는 다 부여夫餘의 음을 한자로 표기하는 과정에서 이렇게 부여와 음이 비슷한 다른 글자로 바꾸어 쓴 것이다.

후한시기에 부여하夫餘河를 포오거蒲吾渠라고 한 것은 바로 금金나라에서 부여지역을 통일한 다음 그 지역을 '포여로蒲與路'라 호칭한 것과 같은 맥락에서 이해할 수 있다. 중국어에서 포蒲는 pu로 부여扶餘의 부扶와 같은 발음이고 여與·오吾는 yu와 wu로 부여扶餘의 여餘 yu와 역시 같은 발음에 속한다.

금나라의 포여로蒲與路가 부여로扶餘路에 대한 다른 표기였던 것처럼 후한시기의 포오거蒲吾渠도 부여하扶餘河에 대한 다른 표기였던 것이다.

포여蒲與나 포오蒲吾는 한자 표기는 다르지만 중국어로 발음할 때는 "부여"와 비슷하게 발음하게 되는데 부여扶餘라는 원래의 명칭을 놓아두고 굳이 이렇게 글자를 변경해서 사용하게 된 배경은 무엇일까.

어떤 나라가 망했다거나 또는 어느 지역의 주인이 바뀌었다고 할 때 새로 주인이 된 입장에서는 과거에 쓰던 이름을 그대로 사용하기 보다는 가능한 한 옛 흔적을 지워버릴 필요가 있었을 것이고 그런 과정에서 이런 본래의 이름과 사용하는 글자가 다른 새로운 이름들이 등장하게 되었던 것이라고 하겠다.

부여하를 포오거蒲吾渠라고 명칭을 바꾸면 그 당시 부여시대를 살았던 이들은 그것이 부여하에서 따온 이름인 것을 알았을 테지만 수천년이 흐른 오늘의 시대에 이르러서 그와 같은 내막을 짐작할 사람이 과연 몇이나 되겠는가.

후한시기 호타하漮沱河와 함께 상산군常山郡에 소속되어 포오거蒲吾渠로 불려졌던 예하濊河는 『대청일통지大淸一統志』의 기록에

지금은 상류는 자수滋水에 의해 어지럽혀져 옛 물길이 막혀 있고 하류도 물길이 막혀서 동쪽으로 흘러가지 않고 있다.

라고 말한 것을 본다면 청淸나라시대에 이미 상류는 혼란스러워지고 하류 또한 막혀서 예하 본래의 모습을 상실했던 것을 알수 있다.

지금은 중국 지도상에 포오거는 물론 예하라는 이름조차도 종적을 감추고 아예 찾아 볼 수 없다. 그러나 오늘날의 우리는 『대청일통지大淸一統志』에 남아 있는 "예하는 포오거"라는 실낱같은 기록을 통해서 예하가 포오거이고 포오거가 부여하扶餘河였다는 놀라운 사실을 미루어 알 수가 있는 것이다.

예하滅河는 호타하溥沱河 부근의 강

예하滅河가 포오거蒲吾渠이고 포오거는 곧 부여하扶餘河라고 할 때 예하의 정확한 소재지가 밝혀지면 북부여의 발상지는 저절로 드러나게 된다. 그렇다면 예하는 과연 오늘날의 어느 지역에 위치하고 있었던 것일까.

『명일통지明一統志』 권3 「진정부真定府」 조항에 이런 기록이 나온다.

예하滅河는 평산현平山縣 서북쪽 60리에 위치하고 있다. 강물이 흘러서 평산현 동남쪽을 경유하여 호타하溥沱河로 유입된다.(滅河 在平山縣西北六十里 流經縣東南 入溥沱河)

예하澲河는 명明나라시기까지도 진정부真定府 평산현平山縣 서북쪽에 있던 강물로서 동남쪽으로 흘러 호타하滹沱河 에 유입되었던 것을 알 수 있다.

예하가 위치해 있던 진정부真定府 는 춘추시대에는 선우국鮮虞國, 진秦나라 때는 거록군鉅鹿郡, 한漢나라 초기에는 항산군恒山郡이 있던 곳으로, 송宋나라 때에 이르러 진정부真定府 라는 이름으로 바뀌었다. 현재의 중국 하북성 보정시保定市가 바로 그곳이다.

평산현平山縣은 지금의 하북성 서부, 태행산太行山 동쪽 기슭, 호타하 상류에 위치한 현縣의 이름이다. 이 지역은 일찍이 선우鮮虞가 세운 중산국中山國이 있던 곳이며 선우鮮虞는 백적족白狄族의 한 갈래로 알려져 있는데 선우는 선비족처럼 그 명칭에서 고조선과 모종의 관련성이 있어 보이는 민족이다.

청清나라 때 고조우顧祖禹가 쓴 『독사방여기요讀史方輿紀要』「직예直隸」〈진정부真定府 평산현平山縣 야하冶河〉 조항에서는 이렇게 말하였다.

예하澲河는 평산현의 북쪽에 있다. 방산房山에서 발원하여 동쪽으

로 흘러 행당현行唐縣 경계로 유입된다.(滾河在縣北 源出房山 東流入行唐
縣界)

이것은 예하滾河는 하북성 진정부真定府 평산현平山縣 북쪽에 있었
고 발원지는 방산房山이며 동쪽으로 흘러 행당현行唐縣 경계로 유입
되었던 사실을 전해주고 있다.

야하治河는 산서성 석양현昔陽縣과 수양현壽陽縣에서 발원하여 정
경현井陘縣·평산현을 거쳐서 호타하滹沱河로 유입된다.『독사방여
기요』가「야하治河」조항에서 예하滾河를 소개하고 있는 것을 본다
면 야하治河는 예하와 발원지는 다르지만 평산현平山縣에서 호타하
滹沱河로 유입되는 강물인 점에서는 동일하다.

예하滾河의 발원지 방산房山은 은殷나라시기에 연산燕山으로 일컬
어지던 곳이다. 서주시대 연국燕國의 국명國名이 여기서 유래했으
며 지금은 대방산大房山으로 그 명칭이 바뀌었다.

1986년에 방산현房山縣·연산구燕山區 두 행정구역을 통폐합시켜
방산구房山區를 설치했으며 대방산大房山은 지금 방산구의 서북쪽에
위치하고 있다.

방산房山 즉 옛 연산燕山은 태항산太行山의 산맥으로 운몽산雲蒙山·백운산白雲山 등이 이 산에서 흘러 나간 지맥支脈들이다.

예하濊河가 유입되었던 행당현行唐縣은 하북성 서남쪽 호타하滹沱河 부근에 위치하고 있으며 하북성 석가장시石家庄市에 예속되어 있다. 남쪽으로 석가장시까지는 45킬로미터, 북쪽으로 북경까지는 240킬로미터의 거리이다.

예하는 지금 중국 지도상에는 나타나지 않는다. 하지만 이상에서 인용한 여러 자료에 나타난 기록을 검토해 본다면 북부여의 발상지 예하는 오늘날의 하북성 남쪽 호타하 부근에 위치해 있던 강이라는 사실을 미루어 짐작하기에 어렵지 않다고 하겠다.

호타하澤沱河는 어디에 있는가

　현재의 중국 지도상에서 예하滅河·포오거蒲吾渠는 종적을 감추고 사라져 나타나지 않는다. 그래서 이런 강 이름들은 역사상에서만 존재할 뿐 지금은 그것이 어디에 있던 어떤 강인지 위치를 파악하는데 어려움이 있다.

　그러나 예하滅河는 호타하澤沱河 부근에 있던 강이므로 호타하의 정확한 위치가 파악되면 예하의 소재지 또한 따라서 밝혀지게 되는 것이다.

　호타하는 하북성 남쪽을 가로 질러 동쪽으로 발해에 유입되는 강이다. 호타하는 중국 산서성 번치현繁峙縣 태희산泰戲山 고산촌孤

山村 일대에서 발원하여 서남쪽으로 흘러서 항산恒山과 오대산五台山의 사이를 경유한다. 그리고 계하界河에 이르러 꺾어져서 동쪽으로 흘러 계주산系舟山과 태행산太行山을 뚫고 지나가다가 하북성 헌현獻縣의 장교臧橋에 도달한다. 다시 부양하滏陽河와 합쳐져 자아하子牙河로 되어 발해로 유입된다. 총길이는 587킬로미터, 유역면적은 2.73만 평방킬로미터이다. 현재의 주요한 지류로는 청수하淸水河 · 야하冶河 등이 있다.

호타하滹沱河가 하북성 석가장시石家庄市 일대를 흐르는 것을 살펴보면 장안구長安區 · 심택현深澤縣 · 평산현平山縣 · 무극현無極縣 등을 관통한다.

그런데 『명일통지明一統志』「진정부眞定府」 조항에서 "예하濊河가 평산현의 서북쪽 60리에서 흘러 현縣의 동남쪽을 경과하여 호타하에 유입된다."라고 말한 것을 볼때 예하는 평산현 부근에서 호타하와 합쳐졌던 것이 아닌가 여겨진다.

현재 중국 지도상에 하북성 남쪽에 호타하滹沱河가 그려져 있고

▲ 하북성 지도

▲ 호타하

그 유역주변에서 평산平山 · 정형井陘 · 행당行唐 · 무극無極 · 심택深澤 등의 지명들을 찾아볼 수 있다. 그러므로 그 위치를 확인하는데 어려움은 없다.

따라서 예하濊河는 바로 오늘날의 하북성 남쪽 호타하滹沱河 부근에 있었고 이 예하 유역에서 춘추전국시대 이전에는 예인濊人들이 살았으며 『삼국지』「위지」〈동이전〉에 나오는 예성濊城과 『수경주水經注』에 나오는 예읍濊邑은 바로 여기에 있었다고 하겠다.

서주시대에 주공周公 세력의 침략을 받아 산동성 추현鄒縣의 부산嶧山과 역산嶧山이 주周나라의 손아귀로 넘어가자 이 일대에 거주하던 부유鳧臾 즉 부여족夫餘族들은 난을 피해 서북쪽으로 이동해 갔다.

　그래서 그들이 정착한 곳이 오늘날의 하북성 남쪽 호타하滹沱河 부근 예하灢河 유역의 예성灢城이었다. 이들은 그때부터 부여扶餘로 불려 지게 되었다고 본다. 그런데 하북성 남쪽의 호타하 일대는 산동성 추현의 부산에서 바라보면 북쪽에 위치하게 된다. 그래서 그곳에 북부여北扶餘라는 명칭이 붙게 되었을 것으로 여겨진다.

　「호태왕비문」에 "고구려가 시조 추모왕鄒牟王에 의해 창업되었는데 북부여에 그 기원을 두고 있다."라고 말했다. 그 북부여는 바로 호타하滹沱河 부근의 예하灢河 유역에 있던 부여를 가리킨 것이다.

　뒤에 그 북부여 세력이 요동지방으로 이동해 가서 세운 나라가 동부여東夫餘였으며 다시 한반도지방으로 이동해가서 세운 것이 남부여南夫餘였다고 짐작된다.

북부여는 호타하漟沱河 유역

북부여는 해모수解慕漱에 의해 창건된 국가이다. 그러나 오늘날 우리나라 『국사교과서』를 살펴보면 북부여의 기원 · 발상지 · 강역 등에 대해 어느 것 하나 제대로 밝혀놓은 것이 없다.

그런데 『후한서』에는 "부여가 있는 곳은 본래 예濊의 땅이다.(本濊地)"라고 했다. 또 『삼국지』「위지」〈동이전〉에는 "부여국에 옛 성城이 있는데 그 성 이름은 예성濊城이다.(國有故城 名濊城)"라고 하였다. 이런 것을 미루어 본다면 북부여는 예하濊河 유역에 있었던 것이 분명하다.

그런데 "평산현平山縣 서북쪽에서 나와 현의 동남쪽으로 흘러 호타하滹沱河 로 들어간다."라고 한 『명일통지明一統志』「진정부真定府」
〈예하滱河〉 조항의 기록으로 보면 예하는 하북성 호타하 부근에
있던 강이었다. 그리고 "후한시기에 호타하와 함께 거명된 포오
거蒲吾渠가 곧 예하이다."라고 한 『대청일통지大淸一統志』의 기록에
의거하면 예하는 부여하扶餘河의 다른 이름이었다.

이와 같이 중국 정사사료에 나오는 기록을 바탕으로 비교 검토
해 볼 때 북부여는 하북성 남부 호타하滹沱河 부근의 예하滱河 유역
에 있었던 것은 확실하여 의심의 여지가 없다고 하겠다.

그런데 북부여가 하북성 남쪽 호타하 부근에 있었다는 사실을
뒷받침해 주는 또 하나의 중요한 근거가 있다. 그것은 바로 해왕
성解王城이다.
『서수신지徐水新志』의 「서수 고적古迹」 조항에는 해왕성解王城이 서
수현徐水縣에 있었다는 사실이 다음과 같이 기록되어 있다.

해왕성이 현의 서북쪽 40리에 있었는데 고증할 길은 없다.(解王城

在縣西北四十里 無考)

　이는 지금은 비록 그 정확한 위치를 확인할 길은 없지만, 예전에는 하북성 보정시 서수현徐水縣에서 서북쪽으로 40리가량 떨어진 거리에 해왕성解王城이 존재하고 있었다는 사실을 오늘의 우리에게 전해주고 있는 것이다.

　중국 역사상에는 5천년 역사를 통틀어 볼때 해왕解王이라는 명칭은 등장하지 않는다. 그런데 우리나라는 북부여北扶餘의 군주 해모수解慕漱·해부루解夫婁가 있다. 그리고 고구려의 시조 주몽朱蒙도 고구려를 창업하기 이전에는 고주몽高朱蒙이 아닌 해주몽解朱蒙이었다.

　북부여의 발상지 예하濊河는 호타하滹沱河 유역 부근에 있었으며 해왕성解王城 유적이 있는 서수현徐水縣은 호타하에서 북쪽으로 그리 멀지 않은 곳에 위치해 있다. 그렇다면 이 해왕성解王城을 북부여北夫餘 해씨解氏 왕조의 어느 왕이 세운 왕성王城으로 보는 것은 너무나도 자연스러운 일이 아닐까.

만일 단재 신채호의 말
대로 북부여의 발상지가
길림성 오소리강 유역에
있었다고 한다면 하북성
서수현徐水縣의 해왕성解王城
유적은 북부여와는 전혀
무관한 것이 된다.

▲ 해왕성 유적이 있었다는 서수현에 지금도 '해촌'이
있다. 아마도 해왕의 후손들이 사는 마을일 것이다.

그러나 북부여의 발상지
예하濊河가 호타하滹沱河 부근이고 해모수解慕漱·해부루解夫婁가 터
전을 잡고 나라를 다스린 지역이 이곳 예하 유역이었다면, 호타하
유역에서 그리 멀지 않은 서수현徐水縣에 위치하고 있던 해왕성解王
城은 북부여의 해씨解氏 왕성일 가능성이 농후한 것이다.

하북성 호타하 유역은 이곳 부근에 북부여의 근거지로 여겨지
는 예하濊河가 있었고 해부루·해모수 등 해씨解氏 왕조의 왕성으
로 보여지는 해왕성解王城이 있었다. 또한 부여인의 발상지 산동성
추현鄒縣 부산鳧山의 북쪽에 위치하고 있다는 점에서 볼 때 북부여
가 이곳 호타하 유역에 있었던 것은 거의 확실하다고 하겠다.

우리 밝달 민족의 역사영토는 식민사학자의 주장처럼 압록강 이남이 아닌 것은 물론 민족사학자가 주장한 것보다도 훨씬 더 대륙 안쪽으로 깊숙이 들어가서 자리 잡고 있었다. 중국 하북성 남쪽 호타하 유역 일대가 고대 한국 한성韓城의 소재지요 북부여의 발원지였던 것이다.

중국 하북성 서수현徐水縣의 해왕성解王城 유적은 지금 중국 땅에 속해 있다. 우리나라 땅이 아니기 때문에 이를 직접 조사 발굴할 방법은 없다. 그리고 내몽고자치구 적봉시의 하가점하층문화와 동일계통으로 알려진 서수현 수성진遂城鎭의 한가영韓家營 유물 또한 우리로서는 그 구체적인 내용은 알 길이 없다. 그러나 그러한 유적이나 유물들은 호타하 유역이 고대 한국이나 북부여와 관련되어 있다는 사실을 고고학적으로 뒷받침해 주는 좋은 단서가 되기에는 충분하다고 하겠다.

지난날 우리 예맥족濊貊族이 남긴 찬란한 발자취는 오늘도 여전히 대륙 안에서 살아 쉼 쉬고 있다. 다만 사대사관과 식민사관에 눈이 가리고 귀가 막히어 그것을 보고 들을 눈과 귀가 없을 따름인 것이다. 이러한 자랑스러운 역사를 되찾아 교과서에 실어 가르칠 때 한국인의 민족정기는 되살아나고 한국의 새로운 미래는 활짝 열리게 될 것이다.

5강

—

고구려의 장

5강 고구려의 장

우리가 잃어버린 요서遼西 고구려

　우리『국사교과서』는 고구려가 처음에 압록강지류 동가강유역의 졸본(중국 요녕성 환인현) 지방에 자리 잡았다가 나중에 압록강 중류 유역의 국내성(중국 길림성 집안시)으로 천도하면서 발전한 것으로 기술하고 있다.

　국내에 교육부 검정교과서가 8종에 달하는데 그 내용은 대동소이하다. 다음은 저작권자가 교육부, 편찬자가 국사편찬위원회로 되어 있는 중학교 국사책에 나오는「고구려의 성장」을 다룬 부분이다.

　고구려는 삼국 중에서 가장 먼저 나라의 모습을 갖추었다. 고구려

의 지배 세력은 부여 계통의 이주민이었으며, 압록강 지류인 동가
강 유역의 토착민들과 힘을 합하여 나라를 세웠다.(기원전 37). 고
구려는 압록강 중류의 국내성(통구 지방)으로 천도하면서 주변의
나라들을 정복하여 평야 지대로 진출하는 데 힘쓰는 한편, 중국의
침략을 물리치면서 발전하였다.

고구려가 성장하여 중앙 집권 국가로서의 모습을 갖추게 된 것은
태조왕 때부터였다. 이때, 고구려는 동해안으로 진출하여 물자가
풍부하고 토지가 비옥한 옥저와 동예를 정복하였으며, 요동 지방
으로도 진출을 꾀하였다. 이러한 정복 활동에 힘입어 계루부 출신
의 고씨가 왕위를 독점적으로 세습할 정도로 왕권이 강화되었다.

우리 『국사교과서』에서 고구려에 관한 서술 부분을 살펴보면
어디에서도 요서遼西라는 단어는 찾아 볼 수가 없다. 그러나 『삼국
사기三國史記』「고구려본기」〈태조대왕 고궁高宮〉 3년(서기 55) 봄 2월
조항에는 "요서에 10개의 성을 쌓아 한漢나라 군대의 침입에 대비
하였다.(築遼西十城 以備漢兵)"라는 기록이 나온다.

고구려가 압록강 유역이나 요동지방이 아닌 요서遼西에 10개의

성城을 쌓아 한漢나라 군대의 침입에 대비하였다는 것은 건국 초기 고구려의 영토는 요서지역까지 포함하고 있었다는 사실을 알려주는 결정적인 단서라고 본다.

태조대왕은 시기적으로 고구려의 건국 초기에 해당한다. 고구려가 만일 압록강유역에서 건국했다면 이 시기에 벌써 요서지역까지 확보하여 광활한 영토를 차지한다는 것은 불가능한 일이다.

『삼국사기』의 위와 같은 기록은, 고구려 태조대왕 때 압록강유역에 있던 고구려 세력이 한漢나라의 요서지역을 침략하여 빼앗은 것이 아니라 요서는 당시에 이미 고구려 영토였고 고구려는 자신의 영토인 요서를 한나라의 침략으로부터 방어하기 위해 10개의 성을 축조하였다는 사실을 반영한 것이다. 즉 고구려는 활동의 중심지가 건국 초기부터 압록강유역이 아닌 요서 지역이었던 것이다.

이처럼 『삼국사기』에는 고구려 초기의 '요서고구려'에 대한 내용이 분명하게 기록되어 있는데 현재 우리 『국사교과서』에서는 '요서고구려'에 대해 아예 언급조차 하고 있지 않은 이유가 과연 무엇인가.

『삼국사기』가 증명하는 요서고구려 역사

　고구려 태조대왕이 "3년 봄 2월에 요서에 10개의 성을 쌓아 한나라 군대의 침입에 대비하였다."라는 『삼국사기』의 기록은 그것이 오류가 아니라 역사적 사실이라는 것은 『삼국사기』「고구려본기」제2 모본왕慕本王 조항의 다음 내용을 통해서도 확인이 가능하다.

　2년 봄에 장수를 보내 한나라의 북평 · 어양 · 상곡 · 태원 등지를 습격하였다. 요동태수 채용이 은혜와 신의로써 대접하므로 다시 화친관계를 회복하였다.(二年春 遣將襲漢北平 漁陽 上谷 太原 而遼東太守蔡彤 以恩信待之 乃復和親)

한나라의 어양군漁陽郡은 지금의 북경시 밀운현密雲縣 일대에 있었고 상곡군上谷郡은 하북성 서쪽 탁록현涿鹿縣·역현易縣 일대에 있었으며 태원太原은 지금 산서성의 성도省都인 태원시를 가리킨다.

이때 만일 고구려가 압록강 유역에 있었고 오늘날의 요녕성 요하의 동쪽과 서쪽에는 한나라의 요동군·요서군이 있었다고 한다면 모본왕의 이 공격은 현실적으로 불가능한 일이다.

어떻게 고구려가 중간에 가로 막힌 한나라의 요동군과 요서군을 뛰어 넘어 하북성에 있는 북평군·어양군·상곡군을 공격하고 거기서 더 나아가 산서성 태원시까지 공격하는 일이 가능했겠는가. 이것은 당시에 하북성 동쪽으로부터 요동·요서 지역이 모두 고구려의 영토였음을 증명하는 확실한 근거가 되는 것이다.

고구려의 제5대 모본왕 해우解憂는 대무신왕大武神王의 장자로 민중왕閔中王이 서거하자 그 뒤를 이어서 왕이 되었다. 그러니까 고구려 제6대 태조대왕보다 1대 앞서 재위한 임금이 되는 셈이다.

그런데 모본왕 때의 기록에 "장수를 보내 한漢나라의 북평北平·어양漁陽·상곡上谷·태원太原을 습격했다."라는 내용이 있다. 그렇다면 바로 그 다음 왕인 태조대왕 당시의 기록에 "요서에 10개의 성을 쌓아서 한나라 군사의 침입에 대비하였다."고 한 것은 그것이 오류나 오기가 아니라 엄연한 역사적 사실임이 분명한 것이다.

고구려는 초기에 오늘날의 요하동쪽과 서쪽을 포함하는 요녕성 전 지역은 물론 하북성 동쪽의 진황도시 일대, 진·한시대의 요서군 지역까지 차지하고 있었으며 이 시기를 요서고구려시대라고 말할 수 있다. 다만 우리는 지금 조선조에 형성된 사대사관과 일제강점기에 형성된 식민사관의 영향으로 인해 찬란했던 요서고구려 시대를 잃어버린 채 대동강 유역의 평양 고구려만을 알고 있는 것이다.

『산해경』에 의하면 "발해의 모퉁이에 나라가 있는데 그 이름을 조선이라 한다."라고 하였다. 발해의 모퉁이 발해만 일대가 수·당隋唐이전의 요서지역이었고 거기에 고조선이 있었다.

고조선 땅에서 일어난 고구려 또한 초기에는 압록강 유역이 아니라 발해의 모퉁이 요서조선 지역에서 출발하였다. 고구려가 요서에 10개의 성을 쌓고 어양·상곡·북평 등지를 공격할 수 있었던 것은 중국의 한나라와 요서지역에서 대치했던 요서고구려시대가 있었기에 가능한 일이었다.

고구려 초기 한나라와 고구려의 전쟁기록을 살펴보면 한나라로부터 침략을 받은 것보다 고구려가 침략한 사례가 더 많았고 전쟁에서 실패한 것보다 승리한 경우가 더 많았다. 이것은 당시 고구려의 강대한 군사력을 보여주는 것인 동시에 고구려가 고조선의 고토회복을 위한 차원에서 적극적으로 벌인 전쟁이었음을 말해준다고 하겠다.

이병도계열의 강단사학 이론을 통설로 서술하고 있는 현행 우리 『국사교과서』는 요서조선·요서고구려 등의 대륙사를 부정하고 반도사 중심으로 기술되어 있다.

그런 까닭에 우리 민족이 이민족인 중국의 한족들과 싸워 승리를 쟁취한 이런 자랑스러운 역사보다는 고구려·백제·신라 등 동족끼리 서로 싸우고 죽이는 부끄러운 역사 기록들로 교과서 내용이 가득 채워져 있다. 이것이 『삼국사기』가 증명하는 요서고구려의 역사를 올바로 기록한 바른역사 교과서가 필요한 이유이다.

요서고구려를 잃어버린 원인

　이병도李丙燾는 1977년 『삼국사기』 역주본(을유문화사)을 출간했
다. 이때 그는 「고구려본기」〈태조대왕〉3년 2월 조항에 나오는
"축요서십성 이비한병築遼西十城 以備漢兵"이라는 아홉 글자에 대해
"요서遼西에 십성十城을 쌓아 한병漢兵을 방비하였다."라고 번역하
고 그 주석에서 다음과 같은 설명을 덧붙였다.

　　여기 요서遼西는 의문이다. 이를 글자대로 한漢의 요서遼西라면 이
　　때 한漢의 군현郡縣이 엄연히 존재한 요동遼東 지방을 지나 이곳에
　　십성十城을 쌓았다는 것이 되니 믿기 어렵다. 이는 필경 전성시대全
　　盛時代의 사실事實을 잘못 이곳에 실은 것이 아니면 지명地名의 오기

誤記일 것이다.

이병도는 『삼국사기』「고구려본기」〈태조대왕〉 2월 조항에 나오는 고구려의 10성城과 관련된 기사를 "잘못 기재한 오류가 아니면 지명의 오기일 것이다." 라고 잘라 말했다.

일제의 식민사학은 한국사의 단절 · 축소 · 왜곡으로 상징된다. 저들은 우리 역사의 출발점이자 자긍심의 상징인 고조선을 부정함으로써 우리 반만년 역사의 뿌리를 단절시켰다. 그리고 조작가능성이 높은 낙랑유물을 내세워 '대동강 낙랑설'을 제기함으로써 우리 민족사의 무대를 압록강 이남으로 축소시켰다. 또한 타율성론 · 정체성론 등의 억지주장을 내세워 민족정기를 말살함으로써 우리 민족의 역사 문화를 왜곡하였다.

이병도는 일본의 식민사학이 배양한 강단사학 1세대로서 단절 · 축소 · 왜곡으로 상징되는 식민사학을 계승할 수밖에 없는 한계를 숙명적으로 안고 있었던 불행한 학자였다. 그런데 광복이후 한국사학은 이병도를 정점으로 하는 강단사학으로 대표되었고 그들의 학설이 통설이 되어 『국사교과서』에 실려 있다.

　『삼국사기』에는 나오는 '요서고구려'가 오늘날 우리의 『국사교과서』에는 나오지 않는 이유는 이병도가 "이는 사실을 잘못 기재한 오류가 아니면 지명의 오기일 것이다."라고 '요서고구려'를 부정한데서 비롯되었다.

　다시 말하자면 이병도가 일제의 식민사학을 계승하고 강단사학이 이병도사학을 계승하고 이병도사학을 계승한 강단사학의 주장이 통설이 되어 교과서에 실리는 바람에 오늘날 '요서고구려'에 대한 기록이 『국사교과서』에서 삭제되어 '요서고구려'를 잃어버리게 된 것이다.

　최근 국사편찬위원회에서는 한국에서 지금까지 번역되어 나온 『삼국사기』 역주본을 종합 검토하여 대표적인 역주본을 만들어 한국사데이터베이스에 올려놓고 있다. 거기서 고구려의 "요서 10성"에 관한 번역과 주석 부분을 살펴보면 다음과 같다.

　태조대왕 3년(55) 봄 2월에 요서遼西[譯註 001]에 10성을 쌓아 한의 침략에 대비하였다.

역주譯註 001 요하의 서쪽지역을 요서라 칭하는데 중국 후한대에는 이곳에 요서군이 두어져 있었다. 이 시기에 고구려가 중간에 있는 요동군을 넘어 요서 지역까지 진출하여 이 곳에 10개의 성을 쌓았다는 것은 어떤 착오에 의한 것으로 생각된다.

국사편찬위원회는 글자 그대로 국사를 편찬하는 정부 기관이다. 따라서 이곳에서 국비를 들여 만든 한국사데이터베이스에 올려놓은 『삼국사기』 역주본은 가위 국내 『삼국사기』 역주본의 대표적인 성격을 띠고 있으며 오늘날 우리 학계의 공식적인 입장을 대변한다고 말할 수 있다.

그런데 그 내용을 검토해보면 30 여년 전 이병도의 주장을 그대로 답습하는 수준에 머물러 있다. 거기서 한 발자국도 변화가 없다는 사실에 아연실색하지 않을 수 없다. 부끄럽지만 이것이 오늘 우리 한국 역사학계의 현주소이다.

요서고구려는 오기인가

『삼국사기』「고구려본기」에 나오는 요서고구려를 이병도가 역사적 사실이 아닌 '오류' 내지는 '오기'라고 주장한 것이 오늘날 우리가 요서고구려를 잃어버리게 된 요인이다.

그러면 이제 『삼국사기』「고구려본기」〈태조대왕〉 조항에 나오는 요서 고구려 기사가 과연 오류인지 아니면 사실인지 여부를 다른 사료와 비교하면서 차근차근 검토해보기로 한다.

우선 이병도는 한漢나라시대의 요서·요동에 대한 개념에서부터 오류를 범했다. 이병도는 현재 중국 요녕성을 가로 질러 흐르는 요하 동쪽을 요동, 요하 서쪽을 요서라고 생각했다. 그래서 그는 "여기서 말하는 요서遼西가 한漢의 요서遼西라면 이때 압록강 유역에 있던 고구려가 엄연히 존재한 한漢의 군현郡縣 요동군遼東郡을 지나 요서遼西에 10성十城을 쌓았다는 것이 믿기 어렵다."라고 말했던 것이다.

그러나 현재의 요하를 중심으로 그 서쪽을 요서, 동쪽을 요동이라고 한 것은 한나라시대가 아닌 그 후기의 일이다. 고구려초기만 하더라도 오늘날의 요녕성 요하는 요하가 아니라 '구려하句麗河'로 불렸다.

요수遼水라는 명칭은 『산해경』「해내동경海內東經」에 최초로 나타난다. 그것을 인용하면 다음과 같다.

> 요수遼水는 위고衛皋 동쪽에서 나와 동남쪽으로 흘러 발해에 주입되며 요양遼陽으로 들어간다.(遼水出衛皋東 東南注渤海 入遼陽)

현재 요녕성을 가로 질러 흐르는 요하는 동남쪽으로 흘러 발해에 주입되지 않고 서남쪽으로 흘러 발해에 주입된다. 『산해경』에

▲ 고대의 요수와 현재의 요하

나오는 요수의 흐르는 방향을 통해서 본다면 고대의 요수는 오늘
날의 요하와는 전혀 다른 강이라는 것을 확실하게 알 수 있다.

한나라시대의 요서·요동은, 서남쪽으로 흘러 발해에 주입되
는 오늘날의 요하를 중심으로 그 동쪽과 서쪽을 가리킨 것이 아니

라 동남쪽으로 흘러 발해에 주입되는 고대의 요수를 중심으로 그 동쪽을 요동, 그 서쪽을 요서라 하였던 것이다.

요녕성에서는 요하 이외에도 『산해경』에서 말한 것처럼 동남쪽으로 흘러 발해로 유입되는 물은 찾아볼 수 없다. 그러면 동남쪽으로 흘러 발해에 주입되는 강은 어디에 있는가. 하북성에 있다. 하북성 동쪽에 있는 난하 · 조하는 동남쪽으로 흘러 발해로 들어간다. 하북성 중남부에 있는 영정하 · 호타하는 동쪽으로 흘러 발해에 유입된다.

난하와 조하는 하북성 북쪽에 있는 풍녕현豊寧縣 부근에서 발원하여 동남쪽으로 흘러 발해로 주입되고 영정하와 호타하는 산서성에서 발원하여 동쪽으로 흘러 발해에 주입되는데 하북성에 있는 이 4개의 강물 중에서 진秦 · 한漢시대에 설치한 요서군과 요동군의 기준이 된 요수는 과연 오늘날의 어떤 강에 해당하는 것일까.

관련 자료를 바탕으로 진 · 한시대에 요서군 · 요동군이 설치된 곳을 추정해보면 그 위치를 대체로 짐작할 수 있다. 오늘날의 조하潮河가 『산해경』에서 말한 요수였고 이 요수를 기준으로 그 동쪽에 요동이, 그리고 그 서쪽에 요서가 자리하고 있었던 것이 확실해 보인다.

고구려의 제6대 태조대왕이 재위한 기간은 서기 53년~146년으로 중국으로 말하면 이 때가 동한東漢시기(25~220)에 해당하는데 동한시기의 요서는 지금의 요녕성 요하 서쪽이 아닌 하북성 동쪽 당산시 · 진황도시 일대지역을 가리켜 요서라고 하였다.

오늘날의 관할 경계로 설명하자면 대체로 하북성 천서현遷西縣 · 노룡현盧龍縣 · 낙정현樂亭縣 일대, 장성長城 이남, 대릉하大凌河 하류지구가 여기에 해당하는 지역이다.

무엇으로 그것을 증명할 수 있는가.『한서漢書』·『후한서後漢書』·『위서魏書』·『진서晉書』등 그것을 증명할 수 있는 문헌은 한두 가지에 그치지 않는다. 그 중에서 우선 당唐나라 두우杜佑가 편찬한『통전通典』의 설명을 참고해 보면 진秦 · 한漢시대이후 당나라 이전까지 어느 지역을 요서라고 지칭하였는지 금방 알 수 있다.

『통전通典』「주군州郡」8〈북평군北平郡〉조항에 나오는 내용이다.

북평군은 평주平州와 노룡현盧龍縣 · 석성현石城縣 · 마성현馬城縣을 관할하였는데 평주의 주州청사 소재지는 노룡현에 있었다. 이곳은 은殷나라 때는 고죽국孤竹國 땅이었고 진秦나라때는 우북평군右北平郡 · 요서군遼西郡 두 군郡지역이었으며 전한前漢 · 후한後漢 시대에는 진秦나라시기와 동일하였고 진晉나라 때는 요서군遼西郡에 소속되었으며 후위後魏시대에도 역시 요서군이라 하였다. 수隋나라 초기에 요서군 지역에 평주를 설치했고 수양제隋煬帝때 평주를 폐지하고 다시 북평군을 설치했으며 당唐나라 때는 수나라의 행정구역을 그대로 따라서 북평군이라 했다.

이 기록에 의하면 요서는 진 · 한시대로부터 후위後魏시대에 이르기까지 줄곧 지금의 요녕성 요하 서쪽이 아닌 하북성 진황도시 노룡현 일대를 지칭하는 명칭이었고 뒤에 수 · 당시기에 이르러서는 이곳이 평주 또는 북평군으로 지명이 변경된 사실을 알 수가 있다.

고구려의 태조시기는 중국으로 말하면 후한시대에 해당한다. 후한시대에는 하북성 북평군, 오늘날의 진황도시 부근에 요서군이 있었으므로 이때의 요서는 오늘날의 요하를 중심으로 말하는 요동 · 요서와는 전혀 무관하였던 것이다.

그런데 이병도는 역사지리에 대한 지식이 부족했기 때문에 동한시대의 하북성 동남부에 위치했던 요동·요서를 후대의 요녕성 요하 동·서쪽을 가리켜 말한 요동·요서와 혼동하였다.

그래서 그는 "한의 군현이 엄연히 존재하는 상황에서 요동을 지나 요서에 10개의 성을 쌓는다는 것이 있을 수 없는 일이다." 라고 하여 이를 오기 내지는 오류로 단정하는 실수를 저질렀던 것이다. 따라서 결론적으로 말한다면 요서고구려 문제는 『삼국사기』의 기록이 오기가 아니라 이병도가 식민사관의 영향을 받은 탓으로 어이없는 오류를 범한 것이다.

요서·요동에 대한 오해가 불러온
한국사 왜곡

후한시대의 요서는 수·당시대의 북평군이었고 북평군은 하북성의 동쪽에 있었다. 후한시기의 요서가 오늘날의 요녕성 요하 서쪽이 아닌 하북성 동쪽 지역에 있었으므로 요동 또한 오늘날의 요하 동쪽이 아닌 하북성 동쪽 요서 부근에 있었을 것은 자명한 이치이다.

송宋나라의 낙사樂史가 쓴 『태평환우기太平寰宇記』에는 "하북성 노룡현盧龍縣에 요서성遼西城이 있고 조선성朝鮮城이 있다."라고 기술하고 있다. 이것은 지금의 하북성 진황도시 노룡현 일대에 요서군이 있었고 고조선이 있었음을 보여주는 확실한 증거가 된다.

하북성 노룡현 일대에 요서가 있고 그곳에서 동쪽에 요동이 있었다. 그러므로 『전국책』에 보이는 "연나라 동쪽에 조선·요동이 있다.(燕東有朝鮮遼東)"라는 내용은 『태평환우기』의 기록과 정확히 부합된다. 연나라는 전국시대에 산서성 남쪽과 하북성 중남부에 걸쳐 있었으므로 그 동쪽 즉 하북성 동쪽에 조선과 요동이 위치하게 되었던 것이다.

그런데 이병도를 위시한 강단사학자들은 『전국책』에 말한 요동을 오늘날의 요하 동쪽으로 간주하였기 때문에 여기서 말한 고조선 또한 요동의 동쪽인 대동강 유역에 비정하는 실수를 저지르게 된 것이다.

『삼국사기』「고구려본기」에는 태조대왕 3년 봄 2월 조항의 "요서에 10개의 성을 쌓아 한나라 군대의 침임에 대비하였다."라는 기록뿐만 아니라 동왕 53년 정월 조항에는 다음과 같은 기록도 보인다.

> 왕이 장수를 보내 한나라의 요동군에 침입하여 6개 현縣을 약탈하였다.(王遣將 入漢遼東 奪掠六縣)

이병도처럼 오늘날 요녕성 요하의 동쪽에 한漢나라의 요동군이 있었던 것으로 간주하면 이 문장은 전혀 해석이 되지 않는다. 왜냐하면 요하의 서쪽에 고구려가 10개의 성을 쌓았다면 요하의 동쪽 요동은 이미 고구려의 영토가 되어 있어야 하는데 그렇지 않고 다시 한나라 요동군 소속의 6개현을 고구려가 약탈했다고 말하고 있기 때문이다.

그러나 이 요동을 오늘날 요하의 동쪽에 있는 요동이 아닌 하북성 동쪽에 있던 요동으로 보면 문제가 쉽게 풀린다. 수·당시기의 북평군에 동한시기의 요서가 있었고 동한시기의 요서는 오늘날의 진황도시 노룡현 부근에 해당한다. 그렇다면 여기서 동쪽은 오늘날 요하 동쪽의 요동과는 전혀 무관한 하북성 승덕시 일대가 된다.

조하潮河는 『산해경』에서 요수를 설명할 때 말한 것처럼 하북성 북쪽에서 발원하여 동남쪽으로 흘러 발해로 들어간다. 후한시대에 요서·요동의 기준이 되었던 요수는 오늘날의 요녕성 요하가 아니라 하북성 동쪽에 있는 조하潮河가 확실하다고 본다.

따라서 고구려 태조 당시 요수, 즉 조하潮河 서쪽 발해 부근의 당산시·진황도시 일대의 요서군 지역을 차지하고 있던 고구려가 조하의 동쪽 승덕시 일대에 있던 한나라의 요동군을 공격하여 6개현을 빼앗는 것은 얼마든지 가능한 일이다.

　조하 동쪽이 요동, 그 서쪽이 요서였다고 할 때 지금의 승덕시承德市 난평현灤平縣·평천현平泉縣 일대가 요동지역이 될 것이다. 특히 지명상으로 볼 때 평천·난평은 요동의 수현首縣이었던 양평현襄平縣과 관련 있는 이름일 수 있다.

　다른 지역에서는 평자平字가 들어간 지명이 별로 안 보이는데 유독 이 지역 조하潮河 부근에 난평灤平·평곡平谷·평천平泉 등 평자平字와 관련된 지명들이 많이 보인다는 것은 이곳이 요동군의 수현首縣인 양평현襄平縣과 관련 있는 지역일 가능성이 높다.

　하북성 동쪽 북경시 인근에 위치한 이 지역은 연나라의 진개秦開가 고조선 땅 1000여 리를 빼앗아 상곡上谷·어양漁陽·우북평右北平·요서遼西·요동遼東 5개 군을 설치하기 이전에는 본래 고조선에 속한 땅이었다. 그러므로 한사군의 낙랑군, 즉 요서낙랑 지역에서 건국한 고구려는 건국 초기 고조선의 고토를 회복하려는 차원에서 한나라와 자주 전쟁을 벌였다.

『삼국사기』「고구려본기」 태조대왕 53년 정월 조항에 나오는 "왕이 장수를 보내 한나라의 요동군에 침입하여 6개 현縣을 약탈하였다."라는 내용은 요서지역을 차지하고 있던 고구려가 그 당시 아직 한나라의 관할로 되어 있던 요동지역을 되찾기 위해 이를 공격하여 6개현을 빼앗는 전과를 올렸던 사실에 대한 기록인 것이다.

그런데 이병도와 이병도사학을 계승한 강단사학은 이 요동을 오늘날 요하 동쪽의 요동으로 잘못 이해함으로써 그것이 한국사를 압록강 이남의 반도사로 왜곡시키는 결과를 가져오는데 매우 중요한 작용을 하였다.

다시 말하면 요서·요동에 대한 오해가 한국사를 요서조선·요서낙랑·요서고구려·요서백제를 모두 잃어버린 반신불수의 역사로 왜곡시킨 직접적인 요인이라 해도 과언이 아닌 것이다.

『삼국사기』「고구려본기」〈태조대왕〉 69년 4월 조항에는 "여름 4월에 왕이 선비鮮卑의 군사 8천명을 데리고 요대현遼隊縣을 공격하니 요동태수 채풍蔡諷이 군사를 이끌고 신창新昌에 나와 싸우다가 전사하였다."는 기록이 나온다.

신창현은 앞서 「고조선의 장」에서 살펴본 바와 같이 지금의 하북성 진황도시 노룡현 일대에 있었다. 그런데 이병도는 여기 나오는 요대현을 "지금의 해성海城 서쪽이다."라고 하였고 신창현新昌縣에 대해서는 "요동에 소속된 현인데 요양遼陽의 서북쪽인 듯 하다."라고 하였다.

　국사편찬위원회에서 한국사 데이터베이스에 올려놓은 『삼국사기』 역주본은 요대현에 대해서는 주석을 내지 않았고 신창현新昌縣에 관해서는 "현재의 중국 요녕성 해성시의 동쪽이다."라고 하였다.

　현재 요양시는 요하 동쪽 요녕성 심양시 남쪽에 위치하고 있다. 해성시는 역시 요하 동쪽지점인데 요양시에서 남쪽으로 한참 더 내려가서 있다.
　이병도의 『삼국사기』 역주본과 국편에서 한국사 데이터베이스에 올려놓은 『삼국사기』 역주본이, 고구려 태조대왕 69년에 공격한 요대현과 신창현을 모두 오늘날의 요하 동쪽의 요양과 해성 등지에 비정한 것은 역시 동한시대의 요동을 현재의 요동으로 착각한데서 발생된 오류이다.

　그 무렵 고구려가 하북성의 요서 지역에서 한漢나라와 대치하고 있었으며 현재 요동의 요양과 해성 등지는 이미 고구려 영토 안에 포함되어 있었다. 그런데 요대현을 지금의 요녕성 해성시에 비정하고 신창현을 요양의 서북쪽에 비정하는 그와 같은 주장은 고구려가 자기 영토를 공격했다는 결과가 되는 것으로서 논리가 성립되지 않는다. 따라서 여기서 말하는 요대현·신창현도 당연히 요녕성의 요하 동쪽이 아닌 하북성의 조하 동쪽에서 찾아야 옳은 것이다.

　『후한서』「지리지」에 의하면 당시 요동군에 소속된 현이 양평襄平·신창新昌·무려無慮·망평望平·후성候城·안시安市·평곽平郭·서안평西安平·문文·번한潘汗·답지沓氏 등 모두 14개 현이 있었다. 신창·안시·서안평 등은 오늘의 요녕성 동쪽이 아닌 하북성 동쪽에 있던 지명들이라는 것은 현재도 고증이 가능하다.

　진·한시대의 요서, 수·당시대의 북평군, 오늘날의 하북성 진황도시 노룡현은 이름만 바뀌었을 뿐 실제는 동일한 지역이다. 고구려는 초기 그들의 발상지인 요서지역에서 10개의 성을 쌓고 한

漢나라와 대치하며 미처 수복하지 못한 옛 고조선 영토였던 요동의 공략에 나섰고 『삼국사기』에 보이는 고구려의 요동 공격에 관한 내용들은 바로 이에 관한 기록인 것이다.

고구려의 발상지는 오녀산성인가

이기백은 『한국사신론』(일조각) 제3절 「여러 연맹왕국의 형성」 〈고구려의 등장〉 조항에서 "전설에 의하면 고구려는 B.C.37년 주몽朱蒙이 이끈 부여의 일파가 압록강 중류 동가강 유역의 환인桓仁 지방에 자리 잡고 일으킨 것으로 되어 있다."라고 말했다.

우리의 중학교 『국사교과서』는 「삼국의 형성」〈고구려의 성장〉 에서 "고구려의 지배세력은 부여 계통의 이주민이었으며 압록강 지류인 동가강 유역의 토착민들과 힘을 합하여 나라를 세웠다.(기원전 37)"라고 기술하고 있다.

현행 『국사교과서』는 고구려의 발상지를 압록강 중류 동가강 유역 환인현으로 간주한 이기백의 관점을 계승하여 그대로 반영하고 있다는 사실을 알 수가 있다.

그러나 송나라 말엽 원나라 초기의 저명한 역사학자인 마단림 馬端臨(1254~1324)이 편찬한 『문헌통고文獻通考』에는 다음과 같은 기록이 나온다.

> 고구려는 본래 조선땅이었다. 한무제가 고구려현을 설치하여 낙
> 랑군에 소속시켰다.(高麗本朝鮮地 漢武置縣 屬樂浪郡)

이 기록에 의거하면 고구려의 발상지는 낙랑군이 됨으로 낙랑 군이 어디 있었느냐에 따라서 고구려의 발상지 또한 그 위치가 달라지게 된다.

그동안 낙랑군이 대동강 유역에 있었다는 학설이 학계의 통설로 작용하여 그 견해가 『국사교과서』에 실려 왔다. 그러나 당나라 두우의 『통전』, 송나라 낙사의 『태평환우기』·『노사』·『통감지리통석』 등 수많은 중국의 문헌들은 낙랑군이 진·한시대의 요서군 지역, 오늘날의 하북성 진황도시 노룡현 일대에 있었다는 사실을 증명하고 있다.

한사군의 낙랑군이 대동강 유역이 아닌 요서지역에 있었다고 한다면 낙랑군에서 출발한 고구려의 발상지 또한 압록강 지류인 동가강 유역의 환인현이 아닌 하북성 진황도시 노룡현 일대에 있었을 것은 당연한 일이다.

비단 중국의 사료뿐만 아니라 우리나라의 사서들 가운데서도 그 내용을 자세히 들여다보면 고구려의 발상지를 동가강 유역으로 보기 어려운 여러 대목들이 눈에 띈다.

예컨대 『삼국사기』의 저자 김부식은 「고구려본기」를 마무리하는 〈사론史論〉에서 다음과 같이 쓰고 있다.

> 고구려는 진秦·한漢이후로부터 중국의 동북방 한편에 거주하였는데 그 북쪽으로는 다 천자의 유사有司들과 이웃하고 있었다(高句麗自秦漢之後 介在中國東北隅 其北隣皆天子有司)

진나라는 서기전 222년에 연나라를 멸망시키고 그 이듬해 제나라를 멸망시킴으로써 중국의 통일을 완성하였다. 이 기록에 따르면 고구려의 건국연대는 서기전 37년이 아니라 그 시기가 진시황시대까지 훨씬 더 올라간다는 사실을 알 수 있다.

그리고 진나라의 동북변경은 만리장성이 기준이 되었으므로 고구려가 진나라의 동북방에서 진나라와 이웃한 나라가 되기 위해서는 고구려의 영역이 요서지방에까지 미쳤어야 만이 그것이 가능했다.

그러나 고구려가 만일 압록강 지류, 동가강 유역을 중심으로 세워졌다면 건국 후 짧은 기간에 요서지역까지 진출한다는 것이 과연 현실적으로 가능했겠는가. 따라서 우리는 고구려가 동가강 유역이 아니라 본래 요서지역에서 건국한 사실을 짐작할 수 있는 것이다.

고구려가 요서에서 건국하였다고 할 때 고구려초기 태조대왕시기(서기 55년)에 요서에 10개의 성을 쌓은 것이나 그 이전의 모본왕시기(서기 49년)에 한나라의 우북평·상곡·어양·태원을 공격한 사실 등은 그것이 오류나 오기가 아니라 역사적 진실이었다는 것이 판명되는 것이다.

그리고 기존의 관점은 북부여가 송화강 유역에 있었다고 여겼으며 그것이 고주몽의 졸본부여가 압록강 유역에서 세워졌다고 보는 근거가 되었다. 그런데 본서의 앞장에서 북부여는 하북성 중남부 호타하滹沱河 부근의 예하滅河 유역에 있었다는 사실이 사료를 통해서 증명되었다.

그렇다면 이것도 고주몽의 고구려는 압록강 유역 오녀산성이 아니라 하북성 동쪽 조하유역에서 건국되었을 가능성을 뒷받침해주는 하나의 근거가 되기에 충분하다고 본다. 왜냐하면 고주몽이 하북성 동남쪽에서 출발하여 천혜의 땅 요서지역을 내던지고 굳이 압록강 유역까지 가서 건국해야 할 하등의 이유가 없기 때문이다.

북위시기 평주平州에 있었던 고구려 수도

우리는 고구려의 수도라 하면 의례히 압록강 유역에 있던 환도성·국내성과 대동강 유역의 평양성을 연상하고 요서의 평주平州, 즉 오늘날 중국의 하북성 동쪽 진황도시 노룡현 일대에 있었던 고구려의 수도를 아는 사람은 극히 드물다.

그러나 고구려가 대동강 유역 평양으로 도읍을 옮기기 이전에 그 수도가 하북성 동쪽 평주에 있었던 사실이 중국 고대의 여러 사서를 통해 입증되고 있다.

당나라 때, 두우杜佑가 편찬한 『통전通典』 권180 「주군州郡」 〈고청주古靑州 안동부安東部〉 조항에는 당나라가 고구려를 멸망시키고 그

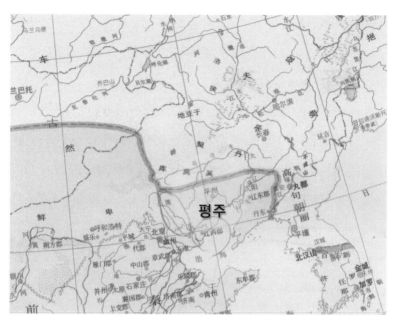

▲ 『중국역사지도집』의 동진시기 평주 지도

수도 평양성에 안동도호부를 설치한 내용이 다음과 같이 기록되어 있다.

안동대도호부安東大都護府 : 순舜임금이 청주靑州를 분할하여 영주營州를 만들었고 목牧을 배치하였으니 마땅히 요수遼水의 동쪽이 이곳이다. 춘추시대 및 전국시대에는 아울러 연燕나라에 소속되었고 진秦나라와 전한·후한시대에는 요동군遼東郡이라 하였다. 동쪽으로는 낙랑樂浪과 통하였다. 진晉나라시기에는 그대로 따랐으며 겸하여 평주平州를 설치하였다.

후위後魏시대에 고구려高句麗가 그 지역에 도읍하였다. 대당大唐 총장總章(당나라 고종高宗의 연호) 원년(668년)에 이적李勣이 고구려를 평정하고 176개 성城을 얻어 그 지역을 도독부都督府 9·주州 42·현縣 100개로 분할했다. 평양성에 안동도호부를 설치하여 통치하고 그 지역의 토박이 지도자들을 도독都督·자사刺史·현령縣令으로 삼았다.

(安東大都護府 舜分青州為營州 置牧 宜遼水之東是也 春秋及戰國 並屬燕 秦二漢曰遼東郡 東通樂浪 晉因之 兼置平州 後魏時 高麗國都其地 大唐總章元年 李勣平高麗 得城百七十六 分其地為都督府九 州四十二 縣一百 置安東都護府於平壤城 以統之 用其酋渠為都督刺史縣令)

이 자료에서 우리가 주목하는 부분은 진晉나라 때 평주平州를 설치했던 그 지역에 "후위시기에 이르러 고구려가 거기에 도읍을 정했다.(後魏時 高麗國都其地)"라고 말한 대목이다.

후위는 조조曹操가 세운 위나라(曹魏)와 구분하기 위해 붙여진 명칭으로 선비족鮮卑族이 세운 북위北魏 정권을 가리킨다.

그러면 북위시대에 고구려가 도읍을 정했다는 평주는 과연 어디인가. 평주에 대해 좀 더 구체적으로 알아보기 위해『통전通典』에서「북평군北平郡」〈평주〉 조항을 살펴보기로 한다.

평주는 지금 주청사 소재지는 노룡현盧龍縣에 있다. 은殷나라 때는 고죽국孤竹國이었고 춘추시대에는 산융山戎·비자肥子 두 나라 땅이었다. 오늘날의 노룡현에는 옛 고죽성孤竹城이 있는데 백이伯夷·숙제叔齊의 나라였다. 전국시대에는 연燕나라에 속하였고 진秦나라 때는 우북평右北平과 요서군遼西郡 지역이었다.

전한·후한시대에는 진나라의 행정구역을 그대로 따랐다. 진晉나라 때는 요서군遼西郡에 소속되었고 후위後魏시대에도 역시 요서군이라 하였다. 수隋나라 초기에 평주를 설치하였고 양제煬帝 초기에는 평주를 폐지하고 다시 북평군을 설치하였다. 당나라 때는 수나라의 행정구역을 그대로 따랐다. 관할한 현縣은 3개 현인데 노룡현盧龍縣·석성현石城縣·마성현馬城縣이다.(平州 今理盧龍縣 殷時孤竹國 春秋山戎肥子二國地也 今盧龍縣 有古孤竹城 伯夷叔齊之國也 戰國時屬燕 秦為右北平及 遼西 二郡之境 二漢因之 晉屬遼西郡 後魏亦曰遼西郡 隋初置平州 煬帝初州廢 復置北平

郡 大唐因之 領縣三 盧龍 石城 馬城)

이 기록에 따르면 수·당시대의 북평군北平郡 평주平州는 은殷나라 때는 백이伯夷·숙제叔齊의 나라 고죽국孤竹國 땅이고 춘추시대에는 산융山戎·비자肥子 두 나라 땅이며 전국시대에는 연燕나라 땅이고 진秦나라·한漢나라·진晉나라·북위北魏시대에는 요서군遼西郡 지역이었다.

그렇다면 이 지역이 오늘날은 어디에 해당하는가. 『통전』에서 "지금 평주의 주청사 소재지가 노룡현에 있다."라고 말했는데 요행이도 수·당시대의 노룡현은 현재의 중국 지도상에서 자취를 감추지 않고 오늘에 이르기까지 그 지명이 그대로 살아 있다.

중국 공산당 간부들의 여름철 휴양지로 유명한 하북성 진황도시 북대하北戴河 부근 노룡현 일대가 바로 이 북위시대에 고구려의 수도가 있었던 평주지역이다.

북위시대에 고구려가 수도를 정하고 있었다는 하북성 진황도시 노룡현 일대는 다름 아닌 『태평환우기』에 의해서 고조선의 "조

▲ 현재의 중국 하북성 지도

선성朝鮮城이 있다."라고 밝혀진 바로 그 곳이다.

여기서 우리는 수·당시기의 북평군 평주, 즉 지금의 하북성 진황도시 노룡현 일대에는 본래는 고조선의 수도인 조선성이 있었고 그 뒤 요서고구려의 수도 또한 이 지역에 있었다는, 우리의 역사교과서가 가르쳐주지 않아서 그동안 까마득히 모르고 지냈던, 한국고대사 상의 아주 중요한 새로운 역사사실을 알 수 있게 된 것이다.

요서고구려의 수도, 평주 창려현

고구려가 북위시기에 평주平州에 도읍을 정하고 있었다는 당나라 때 두우杜佑의 주장이, 혹시 진실과 거리가 먼 오류를 범한 것이라면 그 뒤 송宋나라나 원元나라시대의 학자들에 의해 이 내용이 비판 받았어야 마땅하다. 그러나 그 뒤 두우杜佑의 이 주장에 대해 반론을 제기하며 비판을 한 학자는 단 한 사람도 없었다.

반면에 남송南宋 말년의 학자 왕응린王應麟(1223~1296)은 『통감通鑑』의 지리에 관한 내용을 간추려 주석을 낸 책 『통감지리통석通鑑地理通釋』에서 두우杜佑의 주장을 그대로 계승하여 다음과 같이 말했다.

진晉나라 때 평주平州를 설치했던 지역에 후위後魏 시기에는 고구려가 그곳에 도읍을 정하였고 당唐나라때는 안동도호부安東都護府가 설치되었다. (晉置平州 後魏時 高麗國都其地 唐置安東都護府)

오늘날의 하북성 진황도시 노룡현 일대에, 진晉나라 때는 평주平州가 설치되었고 북위시대에는 고구려가 거기에 도읍을 정하였으며 당나라 때는 그 곳에 안동도호부가 설치된 사실이 『통감지리통석』에는 보다 명확하게 기록되어 있다.

그리고 『통감지리통석』의 「진 19주晉19州」 조항에는 "평주平州는 창려昌黎를 치소治所로 하였는데 창려昌黎는 한漢나라의 요서군遼西郡 교려현交黎縣 지역이고 당唐나라 때는 안동부安東府가 설치된 곳이다. (平治昌黎 漢遼西交黎 唐安東府)"라는 기록도 보인다.

이것은 진晉나라 때 평주平州의 주청사 소재지가 창려현昌黎縣에 있었는데 진나라의 평주 창려현은 한나라시기로 말하면 요서군 교려현 지역이고 당나라 때는 안동도호부安東都護府가 바로 그곳에 설치되었다는 것을 설명한 것이다.

당나라가 고구려를 멸망시키고 세운 안동부의 위치가 그동안 우리가 국사 시간에 배운 것처럼 대동강 유역 평양인 것이 아니라 요서의 평주 창려현이라는 사실을 『통감지리통석』은 보다 구체적으로 분명하게 밝혀주고 있다.

이상의 기록들을 통해 살펴본다면 고구려 장수왕시기, 즉 중국의 북위시기에 고구려는 본래 고조선의 수도였던 진晉나라의 평주平州, 즉 오늘날의 하북성 진황도시 노룡현 일대에 천도하여 수ㆍ당시기까지 줄곧 거기에 머물러 있었다. 그러다가 당나라 고종 때에 이르러 중국의 침략을 받아 그곳에 안동도호부가 설치되자 고구려는 그때 압록강 이남 오늘날의 북한 평양지방으로 천도했다고 보는 것이 문헌기록과 부합되는 역사적 진실이라고 하겠다.

장수왕이 천도한 평양은 요서 평양

4세기 초 중국 동진東晉에서는 '8왕의 난' 이라고 불리는 왕족내부의 반란사건을 비롯한 대규모의 정권쟁탈전이 오랫동안 지속되었다. 또한 진晉나라가 약해진 틈을 타서 북방의 이민족들이 대거 남하하여 여러 개의 나라를 세워 이른바 '오호 십육국' 의 시대가 전개되었다.

고구려는 이와 같은 시대적 배경을 바탕으로 고조선의 옛 땅에 남아 있던 진晉나라의 군현을 몰아내기 위한 투쟁을 적극적으로 전개하였다. 302년 9월에 미천왕은 직접 3만 명의 군대를 거느리고 진나라 현도군을 공격하고 포로로 붙잡은 8,000명을 평양에 보내 평양지방의 건설에 참여하도록 하였다.

311년에는 요동군 서안평현을 완전히 점령하였으며 313년에는 낙랑군을 쳐서 2,000명을 포로로 붙잡았고 314년에는 대방군을 점령하였다. 315년에 고구려군은 현도성을 다시 쳐서 함락시키고 그 곳을 완전히 차지하였다. 이것은 고구려가 요동지역에 있던 진晉나라 군현의 대부분을 축출한 것을 의미하였다.

370년 초에 전진前秦은 전연前燕의 낙양을 점령하였고 연이어 공세를 취하였다. 전연은 40만 대군을 동원하여 맞서 싸웠으나 연전연패하였으며 10월말에는 전진군이 전연의 수도 업성을 포위하였다.

이때 고구려는 전연의 후방이 비어 있는 틈을 타서 전연에 대한 총공격을 개시하였다. 고구려의 정예 기병부대는 파죽지세로 진격하여 만리장성 경계선을 넘어섰으며 유주의 중심지 연군(계), 범양국(북경 남방), 대국(하북성 서북부, 산서성 동북부) 지역까지 진출하였다.

370년 11월 7일에 업성은 함락되고 도망치던 전연왕 모용위는 며칠 후에 붙잡혔다. 372년 2월에 전연의 의도왕 모용환을 완전히 소멸한 것은 고구려·전진군의 합동작전에 의한 것으로 여겨진다.

391년~395년 기간에 고구려는 서북방에서 변방을 자주 침공하던 거란의 비려부(필혈부)를 징벌하였다. 395년에는 광개토왕이 직접 비려를 쳐서 3개 부락 600~700당(영)을 격파하고 수많은 소·말·양 등을 노획하였으며 또 378년에 납치되었던 고구려 백성 1만 명을 되찾아 왔다.

이 전쟁에 의하여 비려부 땅인 오늘의 내몽고 동남부 지역은 고구려의 속령으로 되었다. 그 뿐만 아니라 고구려는 396년에는 백제의 항복을 받아냈고 398년에는 숙신을 복속시켰다.

고구려는 402년 5월에 대군을 보내 후연의 평주 소재지인 숙군성(하북성 동남)을 공격했다. 평주자사 모용귀는 숙군성 방어전에서 패전을 거듭하자 드디어 성을 버리고 도주하였고 성은 고구려군에게 함락되었다.

광개토왕 통치 연간(391~412년간)에 고구려의 영역은 남쪽·

서북쪽 · 북쪽 · 동북쪽에서 각각 수백 리 이상 확장 되었으며 고구려는 전에 없는 강대한 나라로 성장하였다.

왕의 시호를 '국강상광개토경 평안호태왕'으로 한 것은 그의 통치 연간의 업적을 적절하게 표현한 것이라고 할 수 있다. (이상은 『조선전사』3 「중세편」〈고구려사〉참조)

『삼국사기』「고구려본기」제6 장수왕長壽王 15년(427) 조항에는 "평양으로 수도를 옮겼다.(移都平壤)"라는 기록이 나온다. 『삼국유사』「왕력」에서도 "고구려 제20대 왕 장수왕시기에 평양성으로 수도를 옮겼다.(移都平壤城)"라는 기록이 확인되고 있다.

이병도는 『삼국사기역주』에서 장수왕 15년(427) 평양으로 천도한 사실에 대해 다음과 같이 말하였다.

고구려가 평양에 천도하기는 이때가 처음이거니와 그 도성은 지금의 평양시가 아니라 그 동북인 대성산하大城山下의 안학궁지安鶴宮址가 그곳이다. 지금 평양부平壤府로 옮기기는 평원왕平原王 28년의 사실이다.

이병도의 주장에서 보는 것처럼 고구려가 장수왕 15년에 대동강유역 평양부근으로 수도를 옮긴 것으로 보는 것이 일반적인 관점이다. 그러나 "북위시기에 고구려가 평주에 도읍하였다."라는 『통전』의 기록에 따르면 이때 고구려 장수왕이 천도한 평양은 대동강 유역의 평양이 아니라 요서의 평주에 있던 평양이라고 본다.

고구려는 중원이 혼란에 처했던 오호십육국과 남북조시대에 현도 · 낙랑 · 대방 등 고조선의 옛 땅을 거의 다 회복하여 요서 · 요동이 모두 고구려의 영토가 되었다.

『통전』에서 "북위시대에 고구려의 수도가 요서의 평주平州에 있었다."라고 말했는데 북위시기에 요서의 평주가 고구려의 수도가 되기 위해서는 그 지역이 고구려의 영토 안에 포함되어 있었어야 한다. 만일 그 당시에 평주를 다른 정권이 차지하고 있었다면 고구려의 수도가 된다는 것은 있을 수 없는 일이기 때문이다.

그런데 고구려가 광개토왕 재위기간인 402년 5월에 후연의 평주 소재지인 숙군성(하북성 동남)을 공격하여 평주자사 모용귀를 몰아내고 평주를 차지한 것은 기록에 의해서 증명되는 역사적 사실이다.

　중국 역사상에서 오호십육국과 남북조시대는 중원 정국이 극도로 혼란에 처했던 시기에 해당한다. 이때 변방에 있던 선비족을 비롯한 여러 이민족들은 중원으로 들어가 국가를 세우고 천하를 지배하였다. 그런데 전성기를 누렸던 고구려는 이때 오히려 역으로 중원 대륙을 멀리 떠나 압록강 건너 대동강 유역으로 천도를 했다는 것은 논리적으로 설득력이 약하다.

　그 무렵 동아시아의 정세로 보거나 또한 광개토대왕과 같은 영웅이 출현하여 영토를 크게 확장하고 고구려가 전성기를 맞았던 점 등으로 미루어 볼 때, 광개토왕의 아들 장수왕시기에 천도한 평양은 한반도의 대동강유역 평양이 아니라 대륙의 요서 평주였다고 보는 것이 사리에 합당하다.

　그러므로 『통전』에서 "후위시대에 고구려가 진晉나라의 평주平州 지역에 도읍을 정했다."라고 말한 것은 근거 없는 낭설이 아니라 바로 고구려가 장수왕 때 요서 평양으로 천도한 내용을 알려준 역사적 사실인 것이다.

　『삼국사기』「고구려본기」 제5 동천왕東川王 21년(247) 조항에는 평양성을 쌓고 천도한 기록이 다음과 같이 나온다.

> 21년(247) 봄 2월에 왕이 환도성은 전란을 겪어 다시 도읍으로 삼
> 을 수 없다고 하여 평양성平壤城을 쌓고 백성과 종묘와 사직을 옮겼
> 다. 평양은 본래 선인仙人 왕검王儉의 터전이다. 다른 어떤 기록에
> 는 '왕의 도읍은 왕험王險이다.' 라고 하였다.(二十一年春二月 王以丸都城
> 經亂 不可都 築平壤城 移民及廟社 平壤者 本仙人王儉之宅也 或云王之都王險)

이것이 『삼국사기』에 보이는 평양성에 관한 최초의 기록이다.
여기의 평양성은 현재 북한의 평양이 아니라 통구通溝 부근의 어느
곳일 것이라는 설도 있다. 이병도는 "현재의 자강도 강계 지방이
틀림없다고 생각 된다."라고 하였다. (이병도,『국역 삼국사기』, P. 267)

중국 학계의 일부에서는 국내성을 현재의 산성자 산성山城子山城
으로 보고, 이때 쌓았다고 하는 평양성은 현재의 집안현성으로 간
주한다. 그리고 '평양 동쪽의 황성黃城'은 현재의 동태자東台子로 보
는 견해도 있다.(차용걸「고구려전기의 도성」,『국사관논총』 48, 1993 참조)

『삼국사기』「고구려본기」제6 고국원왕故國原王 4년(334) 조항에는 평양성을 증축했다는 내용이 다음과 같이 나온다. "4년 가을 8월에 평양성을 증축하였다(四年秋八月 增築平壤城)".

그리고 『삼국유사』권1 「왕력王歷」에서도 고구려 제16대 국원왕國原王 시기에 "평양성을 증축했다.(增築平壤城)"라는 기록이 확인된다. 11대 동천왕東川王 때 선인 왕검王儉의 터전 위에 축조된 평양성은 16대 고국원왕故國原王 시기에 이르러 다시 증축되며 계속 관리되어온 사실을 알 수 있다.

그러나 여기서 말하는 평양은 "왕검의 터전(王儉之宅)" 또는 "왕의 도읍은 왕험이다.(王之都王險)"라는 기록 등으로 미루어볼 때 통구 부근의 평양이나 강계지방의 평양이 아니라 『삼국유사』「고조선」조항에서 말한 바로 국조 단군왕검이 고조선을 세울 때 도읍했던 그 평양성을 가리킨 것이라고 본다.

그렇다면 국조단군이 고조선을 건국할 때 도읍한 평양성은 과연 어디인가. 『산해경』에 "동해의 안쪽 발해의 모퉁이에 나라가 있으니 그 이름을 조선이라 한다.(東海之內 北海之隅 有國 名曰朝鮮)"라고 하였다.

여기서 말하는 발해의 모퉁이가 오늘날의 발해만 일대 요서지역이고 이 요서지역을 진晉나라시기에는 평주平州라고 하였다. 진나라시기에 왜 지명을 평주平州로 변경하였는지 자세한 내막은 알 길이 없지만 이 지역의 원래 지명이었던 고조선의 평양성과 무관하지 않을 것이다. 즉 속단하기는 어렵지만 평주平州의 '평'은 평양平壤의 '평'에서 유래했을 가능성이 없지 않은 것이다.

따라서 우리는 요서 평주는 고조선의 국조 단군이 도읍했던 평양이며, 그 평양 지역이 진·한시대엔 요서군이 되었다가 진晉나라 때 평주로 변경되었고, 북위시기에 이르러 고구려의 광개토대왕이 평주를 차지하여 고조선의 고토를 회복했으며 장수왕시대에 그곳으로 천도한 것으로 이해하면 역사사실과 큰 차이가 없을 것이라 여긴다.

광개토대왕·장수왕시기가 고구려의 전성기에 속한다. 고구려는 427년 즉 장수왕 15년에 평양으로 수도를 옮겼는데 이때가 중국으로 말하면 북위시대(386~534)에 해당한다.

우리는 그동안 장수왕 때 옮긴 고구려의 수도 평양을 대동강 유역에 있는 평양으로 인식해 왔다. 그러나 『통전』에서 "북위시대에 고구려가 요서의 평주에 도읍했다."고 한 기록을 본다면 장수왕 15년에 옮긴 고구려 수도 평양은 북한의 대동강 유역이 아니다. 중국 북경 북쪽의 조하, 즉 조선하 유역에 있던 요서의 평주라는 것이 의심의 여지가 없다고 하겠다.

수·당이 공격한 것은 평주^{平州} 평양성

당나라 때 두우가 쓴 『통전』에서는 당나라가 고구려를 침략하여 평양성에 안동도호부를 설치한 사실을 다루고 있다. 그런데 우리가 주목하는 것은 그 가운데 "안동부 지역에 진晉나라 때는 평주平州가 설치되었고 북위시대에는 고구려가 거기에 도읍을 정했다."라고 말하고 있는 대목이다.

당나라가 설치한 안동도호부가 대동강 유역 평양이 아닌 진나라때의 평주에 있었다는 것도 또 고구려가 북위시대에 평주에 도읍하고 있었다는 것도 모두 우리의 상식을 완전히 뒤집는 파격적인 내용이 아닐 수 없다.

『통전』에는 고구려가 북위시대에 평주에서 도읍하고 있다가 다른 지역으로 천도했다는 기록은 보이지 않는다. 고구려가 하북성 평주에 도읍했다는 내용에 뒤이어 다른 말은 없이 "당나라 고종 총장總章 원년에 이적李勣이 고구려를 평정하고 평양성에 안동도호 부를 설치한" 내용을 기록하고 있다.

따라서 우리는 『통전』의 기록을 통해 당나라가 고구려를 공격해서 설치한 안동도호부는 대동강 유역 평양이 아니라 북위시대에 고구려가 도읍한 하북성의 평주平州에 있었다는 매우 획기적인 새로운 역사 사실을 알 수 있게 된 것이다.

581년에 북주 왕실의 외척 양견은 북주를 멸망시키고 수나라를 세웠다. 그 뒤 수나라는 돌궐·북제를 격파하고 당항·토곡혼을 투항시켰으며 후량을 멸망시킴으로써 중국대륙의 북부지역을 통합하였다.

한편 589년 수나라는 장강 이남의 진晉(557~589년) 나라를 멸망시켰다. 이로써 남북조시대는 끝이 나고 중국대륙은 다시 통일되었다. 중국대륙을 통일한 수나라는 강력한 중앙 집권적인 봉건

전제국가로 발전하였다. 그리하여 수나라의 침략의 마수는 당시 동방에서 가장 강대한 나라였던 고구려로 점차 뻗쳐오기 시작하였다.

수나라는 고구려를 멸망시켜 자신들의 신하국가로 삼기 위해 612년·613년·614년 3차에 걸쳐 대대적인 공격을 감행했으나 성공을 거두지 못했고 그로 인해 국력이 크게 약화되어 618년 당나라에 의해 결국 멸망하고 말았다.

당태종 이세민李世民은 수나라 때 고구려 전쟁터에 나가 죽은 "중국의 아들들의 원수를 갚기 위해서爲中國報子弟之仇"라는 명분을 내세워 당나라 정관貞觀 18년(644)·19년(645), 두 차례에 걸쳐 고구려를 침공하였다.

정관 18년 당태종은 장양張亮을 평양도행군대총관平壤道行軍大總管, 이적李勣을 요동도행군대총관遼東道行軍大總管으로 삼아 수륙 양로를 통해 고구려에 대한 대대적인 공격을 감행했으나 별다른 성과를 거두지 못했다.

그 다음 해인 정관 19년(645) 2월 당태종은 직접 당나라 군대를 이끌고 고구려의 친청親征에 나섰으나 안시성安市城에서 고구려 군의 강력한 저항과 반격에 발이 묶여 3·4개월 동안 고전하다가 9월이 되어 날씨가 추워지자 결국 전쟁을 포기하고 돌아갔다.

이때 당태종은 고구려 침공을 후회하였다. 직언을 잘하는 신하 위징魏徵이 살아 있었더라면 자신의 고구려 침공을 간언을 통해 미연에 저지했으리라는 회한에 찬 그의 회고가 여러 문헌에 실려 오늘에 전한다.

고구려는 한족 역사상 최고의 영웅적인 지도자로 일컬어지는 당태종도 꺾지 못한 강대한 나라였다. 그런데 애석하게도 여성황제 무측천이 전권을 쥐고 흔들던 당 고종시기에 이르러 결국 패망하였다.

그 이유는 어디에 있는가. 연개소문이 죽은 후 그 아들 남생男生·남건男建·남산男産의 불화가 그 원인이었다. 연개소문의 뒤를 이어 막리지莫離支에 오른 남생이 그 아우 남건·남산과의 불화로 인해 고구려 내부에 내란이 발생했고 남생이 끝내 당나라에 항복하자 당나라는 남생을 앞세워 고구려를 침략했던 것이다.

이때 당나라는 고구려를 침략하여 평정시킨 다음 고구려 강역을 9도독부都督府·42주州 100개 현縣으로 분할하고 수도 평양성에는 당나라의 통치기구인 안동도호부安東都護府를 설치했다.

그리고 우위위대장군右威衛大將軍 설인귀薛仁貴를 안동도호부安東都護府의 총독격인 검교안동도호檢校安東都護로 임명하여 군사 2만 명을 인솔하고 그 지역을 감독하고 지키는 일을 담당하도록 하였다.

그런데 그 당시 당나라가 멸망시킨 고구려의 수도 평양성은 대동강 유역 평양성이 아닌 요서의 평주平州 평양성이었다. 따라서 당나라가 설치한 통치기구 안동도호부 역시 대동강 유역 평양이 아닌 바로 이 요서 평주에 설치되었던 것이다.

그렇다면 수·당시기에 고구려가 대동강 유역이 아닌 평주에 수도를 정하고 있었다는 사실은 『통전通典』이 아닌 다른 중국의 사료를 통해서도 입증이 가능한가.

『삼국유사』「고조선」 조항에는 『당서』「배구전裵矩傳」을 인용하여 "고구려가 본래는 고죽국이었다.(高麗本孤竹國)"라고 말한 대목이 나온다. 일연이 인용한 「배구열전」은 『수서隋書』와 『당서』에 모두 실려 있는데 그 구체적인 내용을 살펴보기 위해 그것을 인용하면 다음과 같다.

배구는 상소를 올려서 말했다. '고구려 땅은 본래 고죽국이었습니다. 주周나라시대에는 그 지역을 기자箕子에게 봉했고 한漢나라시대에는 나뉘어 3군郡으로 되었으며 진晉나라때에도 역시 요동遼東에 통합되었습니다. 지금은 신하노릇을 하지 않고 따로 외역外域이 되어 있으니 그러므로 선제先帝께서 미워하여 그들을 정벌하고자 한지가 오래된 것입니다. 다만 양양楊諒이 불초하여 군사를 출동했으나 공로가 없었습니다. 폐하의 시대에 당하여 어찌 그 일을 마무리 짓지 않으시고 중국이 다스리던 이 지역을 아직도 그대로 만맥의 대열에 있도록 놓아둘 수가 있겠습니까.' (矩因奏狀曰 高麗之地 本孤竹國也 周以之封於箕子 漢世分為三郡 晉氏亦統遼東 今乃不臣 別為外域 故先帝疾焉 欲征之久矣 但以楊諒不肯 師出無功 當陛下之時 安得不事 使此冠帶之境 仍為蠻貊之列乎)

이것은 수 · 당시기 유명한 재상이던 배구가 수양제隋煬帝 양광楊

廣에게 올렸던 상소문 가운데 나오는 내용으로 『수서隋書』 67권에 실려 있다. 비록 길지 않은 문장이지만 이 글에는 한국 고대사의 난제를 해결할 수 있는 매우 중요한 3가지 핵심적인 내용이 담겨 있다.

첫째, 강단사학은 그동안 한무제의 한4군이 압록강 유역에 설치된 것으로 인식해 왔다. 그런데 이 자료는 고죽국 땅이 "한나라 시대에 삼군으로 분할되었다.(漢世分為三郡)"라고 하여 지금의 하북성 진황도시 노룡현 일대 옛 백이·숙제의 나라 고죽국 땅이 한무제 시대에 한 3군으로 분할된 사실을 말하고 있다.

둘째, 강단사학은 그동안 요동은 오늘날의 요하 동쪽을 가리키는 것으로 인식해 왔다. 그런데 이 자료는 고죽국 땅에 대해 설명하면서 "진나라시대에도 또한 요동에 통합되었다.(晉氏亦統遼東)"라고 하여 진晉나라시기에 오늘의 요녕성 요하 동쪽이 아닌 하북성 진황도시, 즉 옛 고죽국지역이 요동에 포함되어 요동으로 불린 사실을 말하고 있다.

셋째, 강단사학은 그동안 수·당시기의 고구려는 대동강 유역에 수도 평양이 있었고 그 강역은 오늘의 요하 동쪽 일부를 포함한 것으로 인식해 왔다. 그런데 이 자료는 고죽국 땅을 설명하면서 "지금은 신하가 되지 않고 따로 외국의 강역이 되어 있다.(今乃不臣 別為外域)"라고 하여 수·당시기에 고죽국 땅이 중국의 영역이 아닌 고구려의 강역에 포함되어 있었던 사실을 말하고 있다. 수나라시기에 고구려가 고죽국 땅을 차지하고 있었다면 현재의 하북성 진황도시 노룡현 일대가 당시에 모두 고구려의 영토였음을 의미한다.

그리고 배구는 이어서 "수문제 양견의 아들인 양양楊諒의 반란 사건으로 인해 고구려 정벌이 성공을 거두지 못하고 중간에 실패로 돌아간 점을 상기시키면서 지금 고구려 땅으로 되어 있는 옛 고죽국 땅을 빨리 되찾아 와야 하며 언제까지나 맥족인 고구려 땅으로 내버려 둘 수는 없다."는 사실을 수양제에게 강조하여 말하고 있다.

한사군·요동은 한국사의 방향을 결정짓는 매우 중대한 사안이며 키워드에 속한다. 한사군·요동이 어디에 위치하고 있었느냐에 따라서 한국사가 반도사인가 아니면 대륙사인가 하는 문제가 판가름이 나게 된다.

사마천『사기』이후 소위 말하는 중국의 정사正史라고 하는 25사史 가운데서는 한사군이나 요동과 관련된 명확한 기록을 찾아보기가 쉽지 않은데 그것은 무슨 까닭인가.

정사란 국가에서 편찬하는 국사國史로서 그것의 편찬과정에서 자국의 이익과 배치된다고 생각되는 내용들은 원래의 진상을 그대로 전달하지 않고 사관史官이 기록을 추가하기도 하고 삭제하기도 하면서 적당히 가감한 것이 그 이유일 것이다.

그런데 특이하게도 본 자료는 중국의 정사 기록임에도 불구하고 한사군·요동 등 한국사와 관련된 내용들을 기존의 기록과 전혀 다른 차원에서 그 속살을 보여주고 있다. 우리 민족이 일찍이 중국의 광대한 대륙을 지배한 사실을 가감 없이 그대로 전달하고 있는 것이다. 이것은 수나라의 사관이 당시의 어떤 사건을 스스로 기술한 것이 아니고 배구가 수나라 황제에게 자신의 의견을 피력한 내용을 옮겨 적은 것으로서 사관이 거기에 대해 자의적으로 자구를 수정할 수 있는 부분이 아니었던 데서 그 이유를 찾을 수 있지 않을까 한다.

사관에게는 대신이 한 말을 정확히 사서에 기록해야할 의무가
주어져 있다. 만일 대신이 황제에게 주청한 말이 사관에 의해 자
의적인 첨삭이 이루어진다면 그것은 분명 월권행위가 될 것이다.

배구는 수·당시대 국가의 명신이요 중신이었다. 그가 수나라
황제에게 진언한 생생한 목소리를 사관이 자구의 수정 없이 그대
로 기록에 반영하다 보니, 여기에서 한사군·요동 그리고 고구려
의 강역과 관련해서 다른 곳에서는 볼수 없는 진면목이 드러나게
된 것이라고 하겠다.

특히 "수·당시기에 고구려가 오늘날의 하북성 진황도시 노룡
현 일대에 있던 본래의 고죽국 땅을 차지하고 있었다."라는『수
서』와『당서』의「배구전」에 실려 있는 이 기록은 수·당시기에 고
구려 수도가 대동강 유역 평양에 있지 않고 요서 평주에 있었다는
것을 반증하는 하나의 자료가 되기에 충분하다고 하겠다.

그리고 그러한 사실을 뒷받침해 주는 내용은『노사路史』27권,
「조선」 조항의 다음과 같은 기록에서도 찾아볼 수 있다.

기자는 뒤에 요遼의 낙랑에 봉하였다. 오늘날의 평주平州 노룡현 지역으로 여기에 조선성이 있다. 그러므로 무덕武德 연간에는 요주遼州를 기주箕州로 삼았다. 무덕武德 8년임. 그런데 고구려도 또한 그 지역에 있었다.(箕子後封遼之樂浪 今平州之盧龍 有朝鮮城 故武德以遼為箕州八年 而高麗 亦其地)

이 자료는 『노사路史』의 저자 나필羅泌이 『노사』를 저술하던 송나라 당시의 평주 노룡현, 즉 오늘날의 하북성 진황도시 노룡현에 기자조선과 한사군의 낙랑군이 존재하고 있었다는 사실과 아울러서 고구려도 역시 그 지역에 위치하고 있었음을 말하고 있다.

이상에서 인용한 자료들을 살펴볼 때 수 · 당시기에 고구려의 수도가 하북성 평주에 있었다는 사실과 수 · 당이 공격한 고구려 평양성은 대동강 유역 평양이 아니라 하북성 평주平州에 있던 평양 이라는 사실은 너무나 근거가 명확하여 더 이상 재론의 여지가 없 다고 하겠다.

고구려가 요서에 도읍했던 후위後魏시대

후위는 남북조시대 북조의 제1 왕조인 북위北魏의 다른 이름이다. 조조曹操가 세운 3국시대의 위魏나라와 구분하기 위해 사서 상에서 후위後魏라 호칭 한다. 왕실의 성이 탁발拓跋이므로 탁발위拓跋魏, 뒤에 성을 원元으로 바꾸었으므로 원위元魏라 칭한 경우도 있다.

서진西晉 말년에서 북위가 북방을 통일하던 시기(304~439)까지를 중국 역사상에서 오호십육국五胡十六國 시대라고 호칭한다. 이 시기에 한족漢族이 아닌 다섯 호족胡族들이 중원을 차지하고 지배하였는데 오호五胡란 흉노匈奴 · 선비鮮卑 · 갈호羯胡 · 저氐 · 강羌을 말

한다. 이들 5개 북방민족이 건립한 16개 정권의 구체적인 명칭을
나열하면 아래와 같다.

전조前趙(흉노匈奴)・성한成漢(저氐)・전량前凉(한漢)・후조後趙(갈羯)
・전연前燕(선비鮮卑)・전진前秦(저氐)・후연後燕(선비鮮卑)・후진後
秦(강羌)・서진西秦(선비鮮卑)・후량後凉(저氐)・남량南凉(선비鮮卑)・남
연南燕(선비鮮卑)・서량西凉(한漢)・북량北凉(흉노匈奴)・호하胡夏(흉노匈
奴)・북연北燕(고구려高句麗)

서진西晉 영흥永興 원년(304)부터 북위北魏 통일시기(439)까지 이
기간에 북방에는 크고 작은 정권이 무려 78개가 출현하였다. 그
가운데 왕조 유지기간이 비교적 길고 영향력이 비교적 컸던 16국
을 선별하여 그 역사를 정리한 것이 최홍崔鴻의 『십육국춘추十六國春
秋』이다. 십육국시대라는 명칭은 북위 말년의 사관史官 최홍이 개
인적으로 저술한 『십육국춘추』에서 유래되었다.

중국북방에서 이 16국의 분열 국면을 마감하고 통일 왕조를 건
립한 것이 북위정권이다. 그러나 이때부터 중국 역사상에 남북조

시대가 열리게 되었다. 남조南朝(420~589)는 송宋(420~479)·
제齊(479~502)·양梁(502~557)·진陳(557~589) 4개 왕조를 포
함하고 북조北朝(439~589)는 북위北魏·동위東魏·서위西魏·북제
北齊·북주北周 5개 왕조를 포함하는데 남조는 주요하게 각국의 황
족皇族들이나 세족世族들이 정권을 담당하였고 북조는 오호 십육국
을 계승하여 이룩된 정권이었다.

오호 십육국시대는 한족의 입장에서는 대혼란의 시대이지만
동이민족의 입장에서 본다면 동이족이 한족을 몰아내고 중원을
지배한 대발전의 시대에 해당한다.

남북조시대는 남방에 송宋·제齊·양梁·진陳의 중원을 대표하
는 왕조가 존재했다고 하지만 사실은 명맥만 유지한 것에 불과하
고 당시 중원을 대표하는 정권은 선비족인 탁발씨가 세운 북위 왕
조였다.

선비족은 본래 하북성 동쪽 즉 중국 동북방의 요동과 요서를
중심으로 활동하던 민족인데 이들이 나중에 중원을 통일하여 제
왕이 되었고 493년 효문제孝文帝 탁발굉拓跋宏 시기에는 아예 자신

들의 주요 활동무대이던 동북지역을 떠나 한족의 주요 근거지인 낙양洛陽으로 천도 하였다.

선비족이 북방에 세운 북위 왕조가 서쪽의 낙양으로 도읍을 옮기게 되자 그들의 본거지인 동북방에서 활동하던 주요 민족으로는 고구려가 남게 되었다.

선비족과 고구려족은 2세기에서 5세기에 걸쳐 동북방에서 활동하던 주요 민족인데 선비족이 서쪽의 낙양으로 천도하자 동북방을 대표하던 민족의 하나인 고구려가 동북방의 왕자로서 요서지역으로의 천도가 가능한 여건이 조성되었다.

그 당시의 이런 시대적 배경을 고려할 때 고구려가 "후위後魏시기에 요서의 평주平州로 천도했다."라는 『통전』의 기록은 근거 없는 이야기가 아니라 시대적 상황에 정확히 부합되는 역사적 진실인 것이다.

오호 십육국시대는 동이민족이 중원을 차지하고 지배한 시기였다. 십육국시대에 고구려 사람 고운은 중국에 들어가 16국 중의 하나인 북연北燕을 세우기도 하였다.

선비족이 세운 북위는 서쪽으로 한족의 본 고장 낙양에 쳐들어가 도읍을 정하고 전 중원을 지배했다. 선비족보다 역사가 장원하고 문화가 위대했던 고구려가 그 시대에 요서에 도읍을 정하고 동북방에 군림한다는 사실이 과연 불가능한 일이었겠는가. 더구나 그때는 광개토대왕과 같은 영웅이 출현하여 강토를 사방으로 개척하면서 고구려가 전성기를 구가했던 시대가 아니었던가.

우리는 그동안 사대 · 식민사관의 영향으로 압록강 서쪽의 대륙역사를 모조리 잃어버렸다. 그래서 북위시대에 고구려가 요서 평주에 수도를 세우고 중국대륙을 지배했던 요서고구려의 찬란한 역사가 베일에 가려진채 드러나지 않았던 것이다.

요서고구려의 수도를 다룬 책
『통전通典』은 어떤 책인가

『통전』은 당唐나라 때 두우杜佑가 편찬한 책이다. 중국 고대의 문물과 제도를 전문으로 다루고 있다. 그 분야 최초의 사서이자 가장 권위 있는 저술로 손꼽힌다. 모두 200권으로 구성되어 있다.

저자 두우는 자字는 군경君卿으로 경조京兆 만년萬年(지금의 섬서성 서안) 사람인데 당현종唐玄宗 개원開元 23년(735)에 태어나 당헌종唐憲宗 원화元和 7년(812)에 서거했다.

두우는 명문가 출신으로 20세 전후에 벼슬길에 나서서 40세 이후에 중앙의 고급관료와 영남嶺南 · 회남淮南 등지의 지방장관을 역임했고 70세 가까이 되어 재상의 직위에 올랐으며 78세에 질병으로 퇴직하여 얼마 후에 세상을 떠났다.

두우는 풍부한 정치적 경험과 고결한 문화적 수양을 갖추었다. 따라서 그는 역사가의 안목으로 현실의 정치·경제 문제를 처리했고 정치가의 식견으로 역사서를 저술했다. 그가 이런 방대한 저술을 성공적으로 편찬할 수 있었던 것은 바로 이와 같은 배경에서였다고 하겠다.

『통전』은 두우가 당나라 대종代宗 대력大歷 원년(766) 무렵에 편찬을 시작하여 덕종德宗 정원貞元 17년(801), 그가 회남 절도사淮南節度使의 자리에 있을 때 완성되었다. 두우가 본서의 편찬을 시작하여 완성하기까지는 무려 35년이라는 장구한 시간이 소요되었다.

고구려가 당나라에 의해 멸망한 것은 668년인데 두우가 『통전』의 편찬을 시작한 것은 766년이다. 그러므로 요서고구려가 멸망한지 약 100년 뒤에 『통전』을 편찬하게 된 셈이다.

일제가 우리나라를 강점한 것은 지금으로부터 약 100년 전의 일이고 위안부문제는 이때를 전후해서 일어난 일들이다. 그런데 그것을 직접 몸으로 겪은 사람들과 눈으로 직접 목격한 사람들에 의해 생생한 증언이 가능하다. 그러므로 우리가 그 사건을 직접 경험하거나 목격하지 않았더라도 100년 가까운 세월이 흐른 지금 그 사건의 진상을 파악하는데 어려움이 없다.

두우는 요서고구려가 멸망한지 67년 뒤인 735년에 태어나서 766년 요서고구려가 멸망한지 100년 후에 『통전』의 저술에 착수했다. 우리가 오늘날 위안부문제를 목격자의 증언을 통해 생생하게 알고 있는 것처럼 두우도 고구려 문제를 직접 체험한 사람과 목격자의 증언을 통해 소상하게 알 수 있었을 것이다.

고구려가 당나라의 침입을 받은 것은 지금으로부터 1346년 전의 일이다. 오늘날의 우리는 당나라의 안동도호부가 설치된 평양이 대동강 유역의 평양인지 조하 유역 요서지역의 평주平州였는지 그 자세한 내막을 알 길이 없다.

하지만 요서고구려가 멸망한지 67년 뒤에 태어나 현장을 체험하고 목격한 사람들을 통해 생생한 증언을 들었을 두우는 당나라에서 설치한 안동도호부가 대동강 유역의 평양에 있었는지 아니면 요서의 평주에 있었는지 환히 알았을 것이다.

그런데 두우杜佑는 『통전』을 저술하면서 당나라가 고구려를 멸망시키고 그 수도 평양에 설치한 안동도호부가 대동강 유역이 아닌, 진晉나라 때 요서의 평주平州, 지금의 하북성 진황도시 노룡현 지역에 있었다고 분명하게 말하고 있다. 이것을 과연 역사적 진실이 아니라고 반박할 자료가 있겠는가.

『통전』의 기록에 따르면 북위시대에 고구려가 요서의 평주에 도읍을 정한 이후 수隋나라와 당唐나라시대를 거치면서 계속 그곳에 도읍을 정하고 있었던 것이 확실하다. 따라서 당나라가 멸망시킨 고구려 평양성은 요서 평주에 있던 평양이었고 마찬가지로 당나라의 안동도호부 또한 대동강 유역이 아닌 요서 평주에 설치되었음은 두말할 나위 없는 것이다.

고구려가 대동강 유역으로
천도한 시기는 언제인가

앞에서 우리는 고구려 장수왕 15년에 천도한 평양은 대동강 유역의 평양이 아니라 요서 평주에 있던 평양이라는 사실을 확인하였다. 그렇다면 고구려는 언제 대동강 유역의 평양으로 이동해 간 것일까.

『정개양잡저鄭開陽雜著』 5권 「조선고朝鮮考」에는 다음과 같은 기록이 보인다.

당나라가 고구려를 정벌하여 평양을 함락시키고 안동도호부를 설치하자 그 나라가 동쪽으로 이동하여 압록수 동남쪽 1,000여리에

있게 되었다.(唐征高麗 拔平壤 置安東都護府 其國東徙 在鴨綠水東南千餘里)

이 기록에 따르면 고구려는 장수왕 때 대동강 유역 평양으로 천도한 것이 아니라 당나라가 요서고구려의 평주 평양성을 함락시키고 거기에 안동도호부를 설치하자 그때 고구려가 동쪽으로 이동하여 압록강에서 동남쪽으로 1천여 리 떨어진 지금의 대동강 유역에 정착한 것으로 되어 있다.

고구려가 전성기를 구가하며 동·서·남·북으로 영토를 넓혔던 광개토대왕시기를 지나 장수왕시대에 이르렀을 때 중원은 통일되지 못하고 남북조시대로 갈라진 상태였고 선비족 정권인 북조의 북위가 중원을 대표하여 실질적인 권위를 장악하고 있었다.

이때 동북방의 왕자였던 고구려는 요서 평주의 평양으로 도읍을 옮겼고 그 이후 수·당시기에 이르기까지 줄곧 요서에 수도를 정하고 있었다. 그러다가 당 고종시기에 이르러 고구려의 내분사태로 인해 수도인 하북성 평주의 평양이 당나라의 공격을 받아 함락되자 고구려는 동쪽으로 이동하여 압록강 이남 대동강 유역에 자리를 잡았다. 그때 요서에서 사용하던 평양이란 지명도 함께 가지고가서 수도 이름을 그대로 평양이라 했던 것이라고 하겠다.

따라서 고구려는 이때 당나라에 의해 나라가 완전히 멸망한 것이 아니라 요서의 평주를 상실하고 대동강 유역의 평양으로 수도를 옮겼다고 말하는 것이 정확한 표현이 되는 것이다.

「조선고朝鮮考」의 저자 정개양鄭開陽은 왕수인王守仁의 제자로 명明나라 때 유명한 학자이다. 『일본도찬日本圖纂』·『조선도설朝鮮圖說』·『유구도설琉球圖說』 등의 저술을 남겼다. 동아시아의 정세에 아주 밝았던 학자로 그의 고구려에 대한 이와 같은 주장은 반드시 어떤 명확한 근거가 바탕이 되었을 것이다.

그리고 "당나라가 고구려를 정벌하여 평양성이 함락되고 안동도호부를 설치하자 고구려가 그 때 압록강 동남쪽으로 옮겨갔다." 라는 기록은 비단 정개양鄭開陽의 「조선고朝鮮考」뿐만 아니라, 다른 중국의 여러 문헌들에서도 이와 유사한 내용이 담긴 기록들을 찾아 볼 수가 있다.

6강

백제의 장

6강 백제의 장

백제사는 부끄러운 패망의 역사인가

백제는 북쪽에서 내려온 유이민들이 한강 유역의 위례성에 자리 잡으면서 마한의 한 나라인 백제국으로부터 시작되었다(기원전 18)

이것은 우리의 중학교 『국사교과서』 「백제의 건국」 단원에 나오는 내용이다. 백제가 한반도의 한강유역에서 출발했다는 사실을 말해주고 있다.

「백제의 성장」 단원에서는 서두에 "백제는 성장과정에서 중국 군현의 압력을 받아 어려움을 겪었다."라는 사실을 말하였다. 한강유역에서 건국한 백제가 성장과정에서 중국 군현의 압력을 받아 어려움을 겪었다는 것은 중국의 한 사군이 한강 이북 압록강 유역에 존재했었다는 것을 암시하는 내용이라고 하겠다.

그리고 이어서 "백제가 중국세력의 간섭과 침략을 물리치면서 나라의 기틀을 마련한 것은 3세기 중엽 고이왕 때였다. 고이왕은 밖으로 마한의 중심세력인 목지국을 병합하고, 한반도의 중부지역을 확보하였다."라고 말했다. 이는 백제가 서기전에 정식으로 건국한 것이 아니라 3세기 고이왕 때 비로소 국가로서의 기틀을 갖춘 것으로서 고구려 · 백제 · 신라 3국 중에 가장 후진적인 국가였다는 인상을 준다.

또 "백제가 전성기를 맞게 된 것은 4세기 후반 근초고왕 때였다. 이 때 안으로 왕위의 부자 상속이 이루어졌으며, 밖으로는 북으로 황해도 일대를 장악하고 남으로는 마한 전 지역을 확보하였다."라고 말했다. 이 기록에 따르면 백제는 전성기의 강역이 남으로는 마한지역으로부터 북으로는 황해도 일대를 장악하는데 그친 약소국가였다는 이야기가 된다.

그리고 "백제는 황해를 건너 중국의 요서·산동 지방과 일본의 규수지방에 진출하여 활동무대를 해외로 넓혔다."라고 말하여 『송서宋書』를 비롯한 중국의 정사 사료가 엄연히 증명하는 백제의 중국 요서지배 사실을 지배가 아닌 진출로 격하시켰다.

오늘날 우리는 백제라고 하면 흔히 의자왕·삼천궁녀·낙화암 같은 패망의 역사, 부끄러운 역사를 떠올리게 된다. 그것은 이처럼 백제 역사에서 자랑스러운 면보다 어둡고 수치스러운 면이 주로 부각됐기 때문이다.

그러나 백제는 삼국 중 맨 나중에 건국해서 제일 먼저 패망한 나라가 아니라 신라보다 먼저 건국해서 가장 오랫동안 존속하며 끈질긴 생명력을 보여준 위대한 나라였다. 고조선·부여로 이어지는 부여의 정통성을 계승한 국가가 백제였고 대륙 깊숙한 요서(遼西)지역에 수도를 가질 만큼 강력한 대제국을 건설한 나라가 백제였다. 단지 우리는 그러한 위대한 백제의 역사를 망각하고 있을 뿐이다. 그러면 이제 교과서에서 배우지 못한 우리가 잃어버린 위대한 요서백제에 대해 말해보기로 한다.

부여의 발원지 산동성 부산鳧山

백제의 뿌리는 부여이다. 잃어버린 백제사를 복원하기 위해선 백제의 뿌리인 부여에서부터 실마리를 풀어나가지 않으면 안 된다. 『시경詩經』 「노송魯頌」 〈비궁편閟宮篇〉에 다음과 같은 기록이 나온다.

부산鳧山과 역산嶧山을 차지하고 마침내 서국徐國의 영토를 짓밟아 바다 가에 있는 나라들에 이르니 회이淮夷와 만맥蠻貊과 저 남쪽의 이족夷族들이 따르지 않는 이가 없었으며, 감히 순응하지 않는 이가 없어 노魯나라 제후에게 순종했다.

「노송」이란 동방의 동이족을 몰아내고 노나라를 세운 주공周公과 그 뒤 노나라를 성장 발전시키는데 기여한 훌륭한 조상들을 칭송하기 위해 주공의 자손들이 쓴 글이다.

여기에 나타나는 부산·역산·서국·회이·만맥, 남쪽의 이족 등은 노나라 건국 당시 오늘의 산동성·강소성·절강성·안휘성·복건성 일대 동남방 지역에 분포해 살았던 동이족과 그 활동 무대를 가리킨 것이다.

이 가운데 부산은 구이九夷의 다섯 번째인 부유鳧臾지역으로서 바로 부여국의 전신이다. 이순李巡의 『이아석지주爾雅釋地註』와 형병刑昺의 『논어주소論語註疏』에는 "동북지역에 있는 구이九夷의 다섯 번째가 부유鳧臾이다."라고 하였다.

『자회보字匯補』에는 "부유는 동방의 나라 이름인데 바로 부여이다.(鳧臾東方國名 卽夫餘也)"라고 기록되어 있다. 그리고 『논어』 「자한편子罕篇」에는 "자욕거구이子欲居九夷"라는 말이 나오는데 이에 대한 백왕간白王侃의 소疏에서도 "구이의 다섯 번째인 부유는 바로 부여이다."라고 설명한 내용이 나온다.

이처럼 고대문헌을 통해서 살펴보면 오늘날 곡부를 중심으로 한 산동성 남부 일대는 서주에서 동방을 침략하여 노魯나라가 세워지기 이전까지는 동이족 중의 하나인 부유, 즉 부여의 발상지였음을 알 수 있다.

중국 산동성의 부산鳧山이 부여의 발상지라는 사실은 중국 고대문헌에서 쉽게 확인될 뿐만 아니라 중국의 현대 역사학자들도 널리 인정하는 바다. 예컨대 하광악何光岳은 그의 저서 『동이원류사東夷源流史』에서 이렇게 말했다.

> 『논형論衡』 「길험편吉驗篇」과 『위략』 · 『후한서』 등의 사서에 이미 부여 · 동명에 관한 기록이 있다. 그렇다면 동명이 나라를 세운 것은 동한시대 중엽이었을 것이다. 하지만 동명 이전에 이미 부여족이 존재했다.
>
> 이 부여족은 어느 지역에서 기원했는가. 『산동통지』 24권 「강역지」 제3 〈산천 추현鄒縣〉 조항에 '부산은 추현 서남쪽 50리 어대현魚台縣 접경지대에 있는데 이곳이 바로 「노송魯頌」에 말한 부산이다.' 라고 하였다.

『원화지元和志』에는 '부산은 추현 동남쪽 28리에 있다.'라고 하였고 『제승齊乘』에는 '추현 서남쪽 50리에 있는데…… 산이 동쪽과 서쪽으로 나뉘어 있어 쌍부雙鳧라 한다.'라고 하였다. 이 산동성 추현의 부산이 부유인鳧臾人의 발원지일 가능성이 높다.

하광악은 동한 이전 부여족의 발원지를 산동성 추현 부근에 있는 부산鳧山, 즉 부유鳧臾로 보았던 것이다.

부산鳧山은 동이족의 시조 복희씨伏羲氏의 활동무대

사마천이 쓴 중국역사 『사기』는 황제黃帝로부터 시작된다. 그러나 공자는 분명히 『주역』「계사」에서 "황제 이전에 신농씨神農氏가 있었고 신농씨 이전에 복희씨伏羲氏가 있었다"고 말했다. 사마천은 왜 황제를 중국역사의 출발점으로 삼았을까. 그것은 복희를 한족의 시조로 보지 않았기 때문이다.

그런데 우리는 『여지지輿地志』의 다음 기록을 주목할 필요가 있다.

부산鳧山은 추현鄒縣에 있다. 어대魚台지방의 지형이 마치 오리가 날

아가는 모양과 비슷하다. 세
상에서는 복희가 이곳에서
팔괘八卦를 그었다고 한다.

▲ 산동성 곡부 부산 부근에 있는 복희 사당 입구

중국인이 한족의 시조로 받드
는 황제보다도 훨씬 앞선 시기
에 활동한, 동양 인류의 시조라
해도 과언이 아닌 복희씨의 활
동무대가 다름 아닌 부여의 발
원지 부산이었다는 기록은 우리
에게 매우 중요한 의미가 있다.

▲ 복희 사당

필자가 현지답사를 통해 확인한 바로는 중국 산동성 추성시鄒城
市 역산嶧山에서 그리 멀지 않은 미산호微山湖 부근에 지금도 실재
부산鳧山이 있으며 복희의 사당을 비롯한 유물유적들이 거기 집중
돼 있다.

이처럼 고대 문헌기록과 유물유적들은 산동성 부산鳧山은 동이

부유인艅臾人의 근거지이고, 부유는 부여의 발원지이며 또 동시에 복희씨족의 주요 활동무대였음을 말해준다. 따라서 복희는 동이 족의 시조이고 산동성 부산은 부여의 발상지라는 결론에 도달하게 되는 것이다.

부여의 정통성 계승한 백제

복희시대는 고대국가 수립단계에 진입하기 이전의 씨족사회였다. 『조선세기』에 의하면 "동이 9족이 모여서 최초로 세운 나라가 고조선이다.(九夷君之 國號朝鮮)"

처음에 복희의 동이부족이 9개 부족으로 발전하고 나중에 9개 부족이 모여서 고조선을 건국했던 것이다. 그러므로 단군은 동이 고조선의 국조國祖가 되고 복희는 동이족의 시조始祖가 되는 것이다. 이 동이족의 첫 국가 고조선을 계승한 나라가 바로 부여이다.

하광악은 『동이원류사』에서 부여족의 발전경로를 다음과 같이 요약했다.

부여는 바로 구이九夷의 하나였던 부유鳧臾의 후예이다. 일명 부유
浮榆 · 어여於余라고도 하는데 원래는 산동성 임기臨沂 일대에 살다
가 뒤에 한 갈래는 서쪽으로 진출하여 하남성 내향內鄕의 어중於中
으로 옮겨갔고, 다른 한 갈래는 동북지방으로 옮겨가 부여국을 세
웠다. 이것이 북부여北夫餘이다. 뒤에 북부여는 전연前燕에 의해 멸
망했다.

북부여의 다른 한 갈래는 동쪽으로 나아가 졸본천卒本川으로 옮겨
갔는데 이것이 동부여東夫餘이며, 또는 졸본부여라 칭하기도 한다.
동부여는 고구려에 병합되었다. 부여 왕족의 또 다른 한 갈래는
남조선 지역으로 건너가서 백제국을 세웠는데 뒤에 당태종에 의
해 멸망하였다.

고구려와 백제가 모두 부유鳧臾의 후예인 부여족의 한 갈래인
것은 분명한 사실이지만, 고구려와 백제 두 나라 중 굳이 부여족
의 정통성을 따진다면 필자는 백제에 있다고 말하고 싶다.

그 이유는 고구려는 나중에 동부여를 병합함으로써 부여를 멸
망시키는 결과를 가져온 데 반하여, 백제는 부여장夫餘璋 · 부여융

夫餘隆 · 부여풍夫餘豊 등 왕조의 성씨를 아예 부여로 썼고 또 남쪽으로 천도한 이후에도 남부여南夫餘라는 국명을 사용하면서 부여를 계승하려고 노력한 흔적이 역력했기 때문이다.

백제의 국명은 산동성 제수濟水에서 유래

『삼국사기』「백제본기」에는 "백제시조 온조가 하남 위례성에 도읍을 정하고 10명의 신하를 보좌진으로 삼았다. 그래서 나라 이름을 십제十濟라고 했다. …… 그 후 처음 위례로 올 때 백성들이 기꺼이 따라왔다고 하여 나라 이름을 백제百濟로 고쳤다."라고 하였다. 그러나 이 설명만으로는 백제의 국명에 왜 제濟자가 들어갔는지에 대한 이유가 명확하지 않다.

하광악은 『동이원류사』에서 백제의 '제濟'를 산동성의 제수濟水에서 유래한 것으로 보았다. 즉 남쪽으로 내려온 부여족은 부락이 점차 늘어나자 옛 산동성 '제수'로부터 유래한 그 뿌리를 망각하지 않기 위해 나라 이름을 백제라고 했을 가능성이 있다는 의견을 제시했다. 필자도 백제의 '제濟'를 산동성의 제수로 보는 데 동의한다.

우리는 그동안 백제의 발상지를 한강유역의 하남 위례성으로만 인식했기 때문에 백제라는 나라 이름에 대한 명확한 유래를 찾을 길이 없었다. 그러나 백제의 발상지가 지금의 산동성 추현의 부산이라고 한다면 당연히 백제 국명의 유래도 제수와 연관 지어 찾아야 옳다.

지금도 제수는 산동성을 가로질러 흐른다. 현재 산동성의 성소재지 제남시濟南市는 제수의 남쪽에 있다 해서 붙여진 이름이다. 제수는 옛 사독四瀆, 즉 강江·하河·회淮·제濟 사대수四大水 중의 하나로 하남성 제원현濟源縣 서쪽 왕옥산王屋山에서 발원하여 동쪽으로 흘러 산동성으로 들어간다. 그 하류는 동북쪽으로 흘러 황하와 함께 바다로 유입된다.

초기에 제수濟水 주위에서 여러 동이부족 집단이 형성되어 그 명칭을 백제百濟라 했을 수도 있고 또 『삼국사기』에 기록된 대로 100여명에 이르는 부여족이 제수를 건너 남쪽으로 내려와 나라를 세웠다 해서 백제라 했을 수도 있다. 따라서 백제는 산동성의 제수와 관련지어 보는 것이 자연스럽고 또 논리적으로도 설득력이 있다.

사라진 백제 초기의 역사

백제는 고구려나 신라와 달리 건국시조 설화부터 논의가 엇갈린다. 예컨대 『삼국사기』를 비롯한 우리의 고대문헌은 백제의 시조를 온조라고 기술하고 있다. 그런데 『주서周書』 49권 「백제전」 『수서隋書』 81권 「백제전」 등 중국의 사서 가운데 일부는 백제의 건국 시조를 구태九台라고 기록하고 있다. 이 같은 차이는 백제역사의 초기 기록에 문제가 있음을 말해준다.

일본의 옛 문헌인 『신찬성씨록』(24권 제번 우경 하) 구다라노기미(백제공) 조항에는 "구다라노기미가 백제국 추모왕의 30세 손인 혜왕의 손자 문연왕 후손이다."라고 말했다. 그런데 『삼국사기』「왕세계표」에는 혜왕이 온조왕의 18세 손으로 기록되어 있으며 추모왕으로부터 계산하면 19세 손이 된다. 이것은 『삼국사기』「왕세계표」에 온조왕과 다루왕 사이에 11명의 왕이 빠져 있음을 의미한다.

또 『신찬성씨록』(24권 제번 우경 하) 후지이노수쿠네 조항에는 그가 '백제 추모왕의 10대손 귀수왕의 후손이다' 라고 했는데 『삼국사기』「백제본기」에는 귀수왕(214~234년)은 시조의 5대 손, 동명왕의 6대 손으로 기록되어 있다. 역시 온조왕과 다루왕 사이에 4명의 왕이 빠져있다.

우리의 『삼국사기』「백제본기」보다 일본의 『신찬성씨록』에 백제왕이 4대 혹은 11대나 더 많은 것을 통해 초기 백제의 역사가 잘려나갔음을 미루어 짐작할 수 있는 것이다.

『신찬성씨록』에는 추모왕의 아들로 전하는 음태귀수왕, 추모왕의 손자라고 하는 덕좌왕 등의 이름이 보이나 『삼국사기』에는 전혀 나타나지 않는다. 이런 식으로 잘려나간 초기 백제의 역사가 얼마나 되는지 정확히 알 길이 없다.

백제 역사의 뿌리가 상당부분 삭제된 것은 백제 건국 초기의 수도 변천과정을 통해서도 확인된다. 예컨대 「백제본기」에 의하면 백제는 처음 하남 위례성에 수도를 정하고 국가 성립을 선포한 다음 불과 10여년 만에 수도를 한산, 즉 지금의 남한산 일대로 옮겨 2년 후 왕궁을 지었다.

10여년 만에 수도를 옮기고 연이어 궁전을 건립하는 대역사를 진행한다는 것은 영역이 100여 리에 불과했던 백제 초기의 경제 능력으로 보아 거의 불가능한 일이다. 따라서 백제가 수도를 하남 위례성으로 옮기기 이전, 하북 위례성에 이미 초기 백제가 있었을 개연성이 높고 바로 이 하북시대의 백제사가 잘려나간 것으로 추정된다.

우리는 이와 관련해 다음과 같은 가정을 할 수 있다. 즉 하남 위례성에 한반도 백제가 수립되기 이전 하북에 대륙백제가 건립되어 있었는데 대륙백제를 세운 시조는 구태이고 한반도 백제의 시조는 온조였다는 것이다.

그렇다면 『삼국사기』나 『삼국유사』에 온조의 기록만 남고 대륙 백제의 역사가 사라진 까닭은 무엇일까. 그것은 후기에 신라의 역사편찬자들이 신라 중심으로 역사를 재편하면서 백제사의 시작을 신라 창건보다 후대로 끌어내리려 한반도로 이주해온 온조왕시대를 백제의 창건 기준으로 설정하고, 온조왕 이전 대륙백제 구태왕 시대를 잘라버린 데서 연유된 것이 아닌가 여겨진다.

한반도 백제는 자생적으로 성립한 나라가 아니고 대륙 서북지역으로부터 선진적인 제도와 기술문화를 가진 동이 부여 계통의 사람들이 집단적으로 이주해 와서 건립한 나라이다. 따라서 한반도 하남 백제 이전에 대륙의 하북백제가 있었다는 논리를 전면 부인할 수 없다.

그동안 우리는 하남 위례성을 한성으로 인정해 왔다. 그러나 한강은 역사적으로 강江이지 하河가 아니다. 백제가 실제 요서·진평 등을 지배한 기록이 중국문헌 여러 군데 나타나는 것으로 미루어보아 하남 위례성의 '하'를 한강이 아닌 한강의 서북쪽 지금의 하북성 조하潮河나 아니면 요녕성의 요하遼河로 보는 것이 더 설득력이 있지 않을까.

그러므로 초기 백제 역사의 복원을 위해서는 하남 위례성 시대 이전 대륙의 하북백제와 그 시조 구태에 대한 연구가 수반되어야 한다.

중국 요서지역에 있었던 백제의 수도

백제가 요서遠西를 지배했다는 최초의 기록은 『송서宋書』 97권 「백제전」에 실려 있다.

> 고구려가 요동을 지배하고 백제는 요서를 지배했는데 백제의 소치所治는 진평군 진평현이다.(高麗略有遼東 百濟略有遼西 百濟所治 謂之晉平郡晉平縣)

이 기록에서 우리가 주목해야 할 부분은 '백제의 소치所治'라는 표현이다. '치治'는 고대사회에서 도성을 가리키는 용어로 군치郡治·현치縣治일 경우에는 지방장관이 거주하는 군청·현청 소재지를 뜻하고 국가의 소치所治는 소도所都 즉 국도를 의미했다.

예컨대 『한서漢書』 「고제기高帝紀」에 '치진중治秦中'이라는 기록이 나오는데 여기서 '치'는 다스린다는 의미가 아니라 도성이라는 뜻으로, 한漢 고조가 진중秦中에 수도를 정했다는 얘기이다. 따라서 '백제소치'도 당연히 백제국의 도성, 즉 국도를 가리킨 것으로 보아야 한다.

청나라 때 편찬된 『흠정만주원류고』에서는 이런 고기록을 근거로 아예 "국도재요서國都在遼西" 즉 "백제의 수도가 요서에 있었다."라고 잘라 말했다. 그런데 한국사학계는 그동안 이 '치'자를 도성이 아닌 통치의 의미로 해석하는 오류를 범했다.

그러면 백제의 수도가 있었다는 요서 진평군은 과연 중국의 어느 지역일까. 마단림馬端臨이 지은 『통고通考』에서는 그 지역을 '당나라 때 유성柳城과 북평北平의 중간지점'으로 비정했는데 『흠정만주원류고』에서는 다시 마단림의 견해를 기초로 이곳을 청나라 때의 금주錦州 · 영원寧遠 · 광녕廣寧 일대로 추정했다.

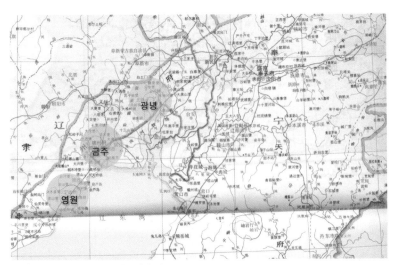

▲ 『중국역사지도집』의 청나라시대 지도

　　그렇다면 백제가 중국의 요서 지역에 국도를 정했다가 한반도
지역으로 도읍을 옮긴 시기는 언제쯤이었을까.『흠정만주원류고』
는 그 시기를 양나라 천감天監 시대로 보았다. 천감이란 중국 양나
라 무제武帝의 연호로 천감 1년은 서기 502년이며 신라 지증왕智證
王 3년, 고구려 문자왕文咨王 11년, 백제 무령왕武寧王 2년이 이에 해
당한다.

그러니까 백제 수도가 본래는 요서에 있다가 무령왕 때 비로소 남쪽 한반도로 천도해 왔다는 것이다. 이 주장의 근거는 『양서梁書』「백제열전」에 있다.

> 진晉나라 때 요서·진평 두 군을 차지하고 있던 백제가 남제南齊 천감시대에 고구려와의 싸움에서 패하여 국력이 크게 약해지자 그후 남한南韓 지역으로 옮겨갔다.

『삼국유사』는 『구당서』를 인용하여 '백제는 부여의 별종인데……왕이 거처하는 곳으로 동·서 두 성이 있다'고 했다. 『북사北史』의 백제국에 대한 설명 가운데는 '백제의 왕은 동·서 두 성에서 사는데 하나는 거발성居拔城이고 다른 하나는 고마성古麻城이다'라고 기록되어 있다.

그런데 고마성의 고마는 곧 곰(熊)을 뜻하므로 웅진성의 우리말인 '고마나루'의 '고마'를 한자로 음사音寫한 것이 아닐까 추측할수 있지만 거발성은 어떤 성을 가리키는지 우리 학계에서는 아직까지 정설이 없는 실정이다. 그런데 『흠정만주원류고』는 거발성

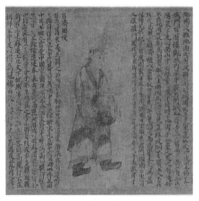

이 바로 요서의 진평성晉平城이
라고 적시했다.

양나라 때 외국사절들의 용
모를 그린 그림과 함께 그 나라
에 관한 간단한 설명을 덧붙인
『양직공도梁職貢圖』를 보면 『백
제국기百濟國記』를 인용하여 '백

▲ 양나라 때 편찬된 『직공도』에 실려 있는
   백제국 사신도.

제는 옛날의 내이萊夷이며 마한족이다' 라고 하였다.

내이는 우이嵎夷 와 함께 청주青州 즉 오늘의 산동성 북쪽일대에
거주하던 동이족의 하나로 『서경』「우공편」에 그 기록이 처음 나온
다. 산동성 내산萊山 밑에 살아서 그들을 내이萊夷라 불렀는데 내산
은 바로 오늘의 산동성 연태시 내산구萊山區 일대가 그 지역이다.

『삼국사기』에 의하면 571년에 북제北齊가 백제 위덕왕威德王에게
'사지절도독 동청주자사(使持節都督東青州刺史)' 의 직을 수여했다는 기
록이 보인다. 이는 이 지역에 대한 백제의 지배를 승인한 것으로

간주되는데 동청주는 오늘날의 산동성 교주만膠州灣 일대에 해당한다.

중국의 역사학자 하광악은 "부유인이 본래는 산동성에 있다가 차츰 이동하여 춘추시대에 요서에 도달하고 전국시대에 다시 오늘의 길림성 부여지역에 도착했다."고 주장한다. 이런 기록들을 미루어 볼 때 원래 한반도 지역에 있던 백제가 중국의 요서에 진출하여 요서·진평을 잠시 경략했다기보다는 대륙의 요서지역을 중심으로 활동하던 백제세력이 나중에 차츰 남하하여 한반도에서 정착했다고 보는 것이 타당하다.

백제의 요서 지배에 관한 기록은 『송서』 이외에도 『양서』「백제전」, 『남사』「백제전」, 『자치통감』·『위서魏書』「물길전勿吉傳」 등에 나타나는 명백한 사실임에도 일본의 나가통세那珂通世를 위시한 식민사학자들은 대체로 이를 부정하거나 묵살하는 태도를 취했다. 요서지방은 한반도 서남부에서 바다를 사이에 두고 수천 리 떨어져 있는 곳인데, 백제가 이곳에 진출해야 할 필요성이나 가능성이 희박하다는 것이다.

우리나라 고교 『국사교과서』는 '백제가 괄목할 만한 발전을 이룩하게 된 것은 4세기 후반 근초고왕 때의 일이었다.……백제는 수군을 증강시켜 중국의 요서지방으로 진출하였다.'라고 기술하여 백제의 요서 지방에 대한 지배를 진출로 격하시켰다.

　또 한국정신문화연구원에서 발간한 『민족문화대백과사전』은 한술 더 떠서 "근초고왕은 해상무역에도 힘을 기울여 요서지방에 무역기지로서 백제군을 설치했다."고 기술하여 지배와는 상관없는 무역기지의 건설로 왜곡했다. 이는 나가통세 등이 주장한 일제 식민사관의 잔재를 탈피하지 못한 데서 온 오류이다. 대륙 백제의 수도 요서의 정체를 파악하는 일은 미궁에 쌓인 한성백제 이전의 백제사를 푸는 열쇠가 될 것이다.

백제는 왕과 제후 거느린 대제국

『흠정만주원류고』 3권에 의하면 "사서史書에 '백제는 무예를 숭상하고 문화를 사랑하는 나라'라고 했는데 그 말은 전혀 거짓이 아니고 사실이다.(史言 俗重騎射 兼愛墳史 信矣)"라고 한 뒤 다음과 같이 말을 잇고 있다.

백제는 국내에서 여러 제후나 왕을 세워 그들의 공훈에 보답했는데 송宋나라·제齊나라시대로부터 이미 그러했다. 그렇다면 이는 백제의 영토는 광활하고 인구는 많았다는 증거가 되는 것이다.(其國內 衆建侯王 以酬勳懃 自宋齊時已然 則又地廣民稠之驗也)

국내의 일부 사학자들 중에는 '백제가 왕과 제후를 거느린 대제국이었다'고 하면 코웃음을 칠 사람도 있겠지만 그러나 이것은 허무맹랑한 주장이 아니라 역사적 사실이다. 『흠정만주원류고』의 이 기록은 『남제서南齊書』「백제전」에 나타난 사료를 근거로 한 것이다.

『남제서』「백제전」에는 "건무建武 2년에 백제의 모대왕牟大王이 자기의 신하 사법명沙法名을 매라왕邁羅王, 찬수류贊首流를 벽중왕辟中王, 해례곤解禮昆을 불중후弗中侯, 목간나木干那를 면중후面中侯로 책봉한 뒤 형식상 남제에 국서를 보내 승인을 요청했다."는 기록이 실려 있다.

건무는 남제 명제明帝의 연호로 시기는 서기 494년이며 신라 소지왕炤智王 16년, 고구려 문자왕文咨王 3년, 백제 동성왕東城王 16년에 해당한다. 그러니까 이것은 백제의 동성왕 시대에 백제가 자체적으로 왕과 제후를 책봉했다는 이야기인데, 모대왕牟大王(동성왕)이 남제에 요청한 사법명 등의 왕과 제후 관작칭호 앞에 붙여진 명칭이 대체로 북 중국의 동부해안 지대 지명인 것으로 미루어 본다면 백제의 왕과 제후는 단순히 명의상으로만 존재한 것이 아니라 실제 백제세력이 이 지역 해안지대까지 뻗쳐 있었음을 말해준다.

옛날 천자天子 밑에는 공公·후侯·백伯·자子·남男이 있었다. 제후와 왕공을 분봉하는 것은 대제국의 천자만이 할 수 있는 일이었다. 고구려가 비록 강성했지만 왕과 제후를 분봉했다는 역사기록은 찾아볼 수 없으며 신라는 삼국 통일을 이룩한 후에도 왕과 제후를 거느리지 못했다.

그런데 백제가 '중건후왕衆建侯王', 즉 자체적으로 여러 제후와 왕을 분봉했다는 것을 우리민족의 역사서가 아닌 여진족이 세운 청나라 황제의 특명으로 편간된 『흠정만주원류고』에서 그렇게 말했다. 이것은 백제는 한반도 한쪽 귀퉁이에 있던 초라한 제후국이 아니라 중원대륙을 무대로 활동한 대제국이었음을 객관적으로 실증적으로 보여준 것이라고 하겠다.

백제의 강역은 서북쪽으로는 광녕廣寧·금주錦州·의주義州에 이르고 남쪽으로는 해성海城·개주盖州, 동남쪽으로는 조선의 황해도·충청도·전라도 등을 포괄하고 있었다.

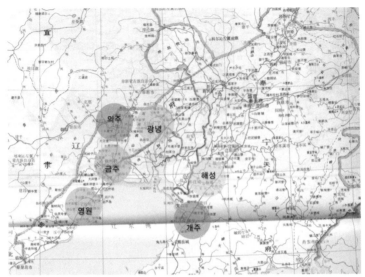

▲ 『중국역사지도집』의 청나라시대 지도, 『흠정만주원류고』에 따르면 백제의 강역은
한반도 해안으로부터 발해 연안까지 해안을 따라 길게 펼쳐져 있었다.

따라서 백제의 강역은 동서는 좁고 남북으로는 길었다. 위魏나라

때는 물길勿吉과 도모해 고구려 땅을 빼앗아 동북으로는 물길과도

이웃해 있었다 당나라 초기에는 또 신라의 60~70성을 취하여 그

강토가 더욱 넓어졌다.

이것은 『흠정만주원류고』에 나오는 백제의 강역에 관한 기록이

다. 이 기록에 따른다면 백제는 융성기에 한반도뿐만 아니라 중국

대륙의 동북쪽에 광활한 영토를 소유했던 것이 확실하며 이런 기초 위에서 왕과 제후를 거느리는 제국으로의 발전이 가능했던 것이라고 하겠다.

신라는 백제의 속국이었다

　우리 『국사교과서』에는 서력 기원전 57년 박혁거세가 경주 평야에 신라를 세웠고, 고구려는 서기전 37년 주몽이 압록강 중류의 동가강 유역에서 건립했으며, 백제는 서기전 18년에 온조가 한강유역에 터를 잡고 출발한 것으로 기술되어 있다. 이 기록에 따르면 삼국 중 신라가 가장 먼저 건국되었고 그 20년 후 고구려, 그로부터 다시 19년 후에 백제가 성립되었다.

　그러나 이와는 정반대의 다음과 같은 기록을 『흠정만주원류고』에서 찾아볼 수 있다. "신라는 처음에 백제의 부용附庸 국가였는데 나중에 가라 · 임나 등 여러 나라를 겸병하여 백제와 대등한 이웃나라가 되었다."

『흠정만주원류고』는 무슨 근거로 이러한 논리를 전개한 것일까. 아마도 『북사北史』의 다음 기록을 참고한 듯하다.

신라는 백제에 부용되어 있던 국가이다.(新羅 附庸於百濟)

여기서 '부용'이란 큰 나라에 부속된 작은 나라, 즉 독자적으로 주권을 행사하지 못하고 다른 나라의 지배를 받는 국가를 말한다. 『맹자』에는 "강역이 50리가 안 되어 제후에게 부속된 작은 국가를 부용국이라 한다.(不能五十里 附於諸侯 曰附庸)"는 설명이 있다.

『흠정만주원류고』에 따르면 신라는 원래 독립국가가 아니라 백제의 부속국가로 있다가 나중에 차츰 발전하여 독립한 나라로 되어 있다. 그렇다면 백제보다 먼저 신라가 건국했다는 논리는 설득력이 없다. 신라와 백제의 출발을 놓고 중국의 역사 기록은 우리의 사서와 현격한 차이를 보인다. 그 이유가 무엇일까. 『삼국사기』와 『삼국유사』는 우리민족의 역사를 주로 한반도 이주 이후의 역사로 한정한데 반해 중국의 고대사료는 그 이전 대륙시대 역사 까지 포괄하여 다룬 데서 그 원인을 찾을 수 있지 않을까 한다.

소정방_{蘇定方}이 멸망시킨 것은 백제의 일부분

나·당 연합군은 먼저 백제를 공격했다. 김유신이 이끈 신라군은 탄현을 넘어 황산벌에 이르렀고 소정방이 이끈 당군은 금강하류로 침입했다. 이로써 백제의 수도인 사비성이 나·당 연합군에 함락되었다.(660)

이것은 백제의 멸망에 대해 우리나라 고등학교 『국사교과서』에서 기술하고 있는 내용이다. 660년 백제가 멸망하고 고구려는 668년, 신라는 935년에 멸망했다는 것이 일반적인 역사상식이다. 따라서 백제는 삼국 중 가장 먼저 패망한 나라로 인식되고 있다.

그러나 『흠정만주원류고』의 기록을 통해서 본 백제의 패망시기는 이와 전혀 다르다. 660년 당나라의 소정방에 의해 멸망한 백제는 단지 백제의 일부분에 불과하며 절반 가까운 세력이 그대로 남아서 백제라는 이름으로 계속 존속했다는 것이 『흠정만주원류고』의 주장이다.

이것은 아마 『북사北史』와 『구당서舊唐書』의 다음 기록을 참고한 듯하다. 『북사北史』에는 "백제에는 5방五方이 있고 방은 10군郡을 관리한다."라고 했고, 『구당서舊唐書』에는 "6방이 각각 10개 군을 관리한다.(六方各管十郡)"라고 했다.

두 기록에 따르면 백제의 군이 50개 내지 60개가 있었다는 이야기가 된다. 그런데 소정방이 백제를 공격해서 빼앗은 것은 겨우 37군이었으니 빼앗지 못한 군이 5분의 2나 된다. 이것은 백제가 완전히 멸망하지 않고 상당 부분 그대로 보존되어 있었음을 뜻한다.

따라서 『흠정만주원류고』는 삼국 중 백제가 최후까지 남아서 존속되었다는 근거를 다시 다음과 같이 제시했다.

후당 시기에 백제에서 당나라에 사신을 파견한 기록이 사서에 실려 있고 원元나라 때도 백제가 중국과 내왕한 사실이 사서에 등장한다.

몽골족이 세운 원나라는 1280~1367년까지 존속했다. 백제가 중국과 교류한 기록이 원나라 때까지도 등장한다는 사실은 백제는 935년에 멸망한 신라보다 최소한 수백년 가량 더 존속했다는 이야기가 되며, 따라서 백제는 삼국 중에서 가장 먼저 멸망한 나라가 아니라 최후까지 남아 있었던 생명력이 가장 강한 나라였다는 결론에 도달하게 되는 것이다.

백제사의 수난과 역사광복

    어느 민족이나 물론하고 자기민족의 역사와 문화를 미화하고 과장하고 싶어하는 것이 일반적인 속성이다. 그런데 우리 역사를 돌아보면 미화나 과장은커녕 오히려 축소되고 폄훼된 경향이 짙다. 우리는 그 일차적인 이유로 중화 중심의 사대사관을 들 수 있겠으나 보다 근본적인 요인은 일제 식민사관에서 찾을 수 있다.

    백제사는 두 번에 걸쳐 크게 왜곡되는 수난을 겪었다. 첫째, 통일신라시기 신라 중심으로 삼국사의 정통을 세우는 과정에서 초기 백제사의 상당부분이 삭제 혹은 훼손되었다고 본다.

둘째는 일제에 의한 왜곡이다. 일제는 한반도에 대한 식민통치를 합리화하기 위해 먼저 한국사 연구에 손을 댔는데, 이때 금서룡今西龍이 백제사를 개관槪觀하는 『백제약사百濟略史』와 『백제사강화百濟史講話』를 저술했다.

금서룡의 백제사 서술의 핵심은 두 가지로 요약된다. 하나는 백제가 신사시대信史時代로 들어간 시기를 근초고왕대로 잡고 그 이전은 전설의 시기로 파악한 것이고, 다른 하나는 백제가 왜의 임나일본부任那日本府의 보호와 통치하에 존재하고 있었다는 것이다. 금서룡의 이와 같은 백제사 인식체계는 백제의 후진성과 타율성을 강조함으로써 일제의 식민통치를 학문적으로 뒷받침하기 위한 것으로서 당시 한국 고대사를 보는 시각에 큰 악영향을 끼쳤다.

광복이후 일제에 의해 왜곡된 백제사를 주체적으로 재해석하려는 시도가 없었던 것은 아니지만 연구 인력의 제한과 문헌자료의 부족 등을 이유로 별다른 성과를 거두지 못한 채 오늘날까지 일본 사학자들에 의해 만들어진 백제사 인식체계가 극복되지 못하고 있다.

『흠정만주원류고』는 청나라 때 편찬된 책이다. 흠정이란 황제의 직접 저술이나 또는 황제의 칙명에 의해 만들어진 저술을 뜻한다. 청나라 건륭 43년에 아계阿桂 등이 칙명을 받들어 편찬한 이 책은 부족·강역·산천山川·국속國俗 네 부문으로 나누어 총 20권으로 간행되었다.

중국의 여러 고대 기록에 동이 9부족의 하나로 만식滿飾이 등장하는데 만주滿洲는 바로 이 만식의 후예로 보이며 따라서 청나라는 우리민족과 형제의 나라라고 할 수 있다. 그러나 조선조에서는 친명배청親明排淸 정책을 견지하는 바람에 조선과 청의 관계는 그다지 좋은 편이 아니었다. 따라서 청나라가 한국 고대사를 의도적으로 미화했을 리는 만무하다.

단지 자신들의 터전인 만주의 고대사 원류를 추적하다보니 우리 민족사의 한 축인 백제사와 만나게 되었고『흠정만주원류고』는 그것을 가감 없이 사실대로 기술했다고 봐야 한다. 그런데 이

『흠정만주원류고』에 보이는 백제는 후진적이고 허약한 나라가 아니라 강토는 광대하고 인구는 많고 역사는 깊고 문화는 우수하고 국력은 강대한 대제국이었다.

이제 이 나라가 광복을 맞은 지 어언 70년이 다 되어 가고 있다. 그런데 아직도 식민사관의 잔재를 벗어버리지 못한 채 고대사연구를 국내의 한정된 자료에 의존하면서 『흠정만주원류고』와 같은 소중한 역사기록을 방치하고 있는 현실 앞에 실로 개탄을 금할 수가 없다. (신동아에 발표한 원고를 수정 보완)

7강

—

신라의 장

7강 신라의 장

금金나라는 신라인이 세운 정권

금金나라(1115~1234)는 중국의 동북과 화북華北 지방에 건립되었던 왕조이다. 금태조金太祖 완안 아골타 完顔 阿骨打가 여진의 여러 부족들을 통일한 다음 1115년 회녕부會寧府(지금의 흑룡강성 아성구阿城區)에 도읍을 세우고 수국收國으로 연호를 바꾼 다음 120년 동안 중원을 통치하였다.

▲ 금나라 태조 완안 아골타의 동상

금나라는 전성기에는 동북 · 화북 지역은 물론,

진령秦嶺 · 회하淮河 이북의 화중華中 지구 등 광대한 강역을 소유하였다. 북송北宋을 멸망시키고 남송南宋과 서하西夏를 굴복시키며 동아시아의 패자로 군림하였다.

금나라에 대한 현재 중국의 기록을 살펴보면 중국 역사상 여러 민족 중의 하나인 여진족이 수립한 정권으로 기술하고 있다. 금나라의 민족 구성을 살펴보면 여진족 · 거란족 · 한족 · 발해족 · 고려족 등 다양한 성분으로 구성되어 있었다. 하지만 그 나라를 세우고 경영하는데 주도적인 역할을 담당한 통치세력은 신라족 계통의 민족이었다. 따라서 금나라 왕조는 여진족이 세운 정권이 아니라 신라족이 세운 정권이라고 말하는 것이 타당하다.

금나라는 시조 함보函普가 신라 왕실의 후예였고 함보의 6대 손인 김아골타金阿骨打에 의해 금나라가 건국되었다. 그러므로 여진족은 다른 여러 민족들과 함께 신라족이 건국하는데 동참한 것이지 여진족이 직접 금나라를 건국한 것은 아니다.

서주西周시대에 주周나라가 산동성 동이東夷 지역을 정복하여 주나라의 제후국으로 동북쪽에는 강태공姜太公을 봉하여 제齊나라를 세웠고 서남쪽에는 주공周公을 봉하여 노魯나라를 건국했다.

　그 당시에 제나라·노나라의 건국을 주도한 통치 집단은 서주로부터 이주해 온 세력이었지만 먼 옛날부터 토착민으로 이 지역에 거주한 원 주민은 우이嵎夷와 내이萊夷였다.

　우이족과 내이족이 제나라·노나라의 민족을 구성하는데 주체적인 성분으로 작용했지만 그러나 제나라·노나라를 우이족·내이족 정권으로 간주하지는 않는다.

　이들은 건국세력이 아니라 서주의 강태공과 주공이 제나라·노나라를 건국하는데 동참한 세력에 불과했기 때문이다. 따라서 오늘날 제나라·노나라는 당연히 서주의 화하족華夏族이 세운 정권으로 간주되고 우이족이나 내이족이 세운 정권이라고 누구도 말하지 않는 것이다.

　이런 논리에 따른다면 함보函普가 신라의 선진문명을 가지고 여진지역으로 가서 여진족들의 추대를 받아 수령에 취임한 다음 그 후손이 여러 여진족들을 통일하여 세운 금나라는 신라인이 세운 정권이라고 말하는 것이 합당한 것이다.

현대 중국의 많은 역사자료들은 금나라를 여진족이 세운 왕조로 기술하고 있다. 하지만 적어도 청淸나라 이전의 기록에서는 금나라를 여진족이 건립한 나라로 기록하고 있지 않다.

홍호洪皓의 『송막기문松漠紀聞』, 서몽화徐夢華의 『삼조북맹회편三朝北盟會編』, 진균陳均의 『구조편년비요九朝編年備要』, 우문무소宇文懋昭의 『대금국지大金國志』, 마단림馬端臨의 『문헌통고文獻通考』 등에 금나라의 건국과정을 소개하고 있다. 하지만 하나 같이 "아골타阿骨打에이르러 금나라를 세웠는데 아골타의 시조는 신라 사람이었다."고 말하고 있다.

만약 여진족이 금나라를 세웠다면 여진족 중에 건국을 주도한 인물이 있어야 한다. 그러나 금나라 건국을 주도한 인물은 신라인 함보函普의 후손 아골타였고 함보는 여진족이 아니라 신라 사람이었다는 것이 청나라 이전의 중국문헌에 보이는 공통된 견해이다. 따라서 우리는 금나라는 여진족이 세운 것이 아니라 신라인이 세운 왕조였다라고 자신 있게 말할 수 있는 것이다.

신라사람 금金나라 시조 함보函普

『금사金史』권1「본기本紀」제1〈세기世紀〉에는 다음과 같은 기록이 나온다.

함보函普는 완안부完顏部에서 결혼하여 두 아들과 딸 하나를 두었는데 장자는 여진女真 이름이 완안 오로完顏烏魯 이고 차자次子는 여진 이름이 완안 알로完顏斡魯 이며 딸은 주사판注思板이다. 금나라의 희종熙宗이 즉위한 이후에 경원황제景元皇帝라는 시호를 추가하여 올렸고 묘호廟號는 시조始祖라고 하였다. 황통皇統 4년에는 그의 무덤을 광릉光陵으로 호칭하였고 황통 5년에는 시조 의헌경원황제懿憲景元皇帝로 시호를 추가하였다.

여기에는 여진 완안부完顏部의 함보函普라는 인물이 금나라의 시
조라는 사실이 잘 설명되어 있다. 그런데 본래 함보가 여진족이
아니라 그가 다른 나라 사람으로서 완안부完顏部에 와서 정착하게
된 과정을 『금사金史』에서는 다시 이렇게 적고 있다.

시조始祖가 완안부에 이르러 거주하며 오랜 세월 지난 어느 날 생
여진生女眞 부족 중의 어떤 사람이 시조의 부족 중의 한 사람을 살
해하였다. 이 사건으로 인해서 두 부족 간에 서로 사이가 나빠져
옥신각신 다투며 분쟁이 해결될 기미가 보이질 않았다. 이때 완안
부完顏部 부족 중의 어떤 사람이 시조에게 말했다. '만일 부족사람들
을 위해서 이 분쟁을 해결하고 두 부족이 서로 죽이지 않도록 한다
면 부족 중에 나이가 60이 되어 시집가지 않은 현숙한 여인이 있는
데 그를 배필로 정해 주고 이어서 같은 부족으로 인정해 주겠다.'
시조는 '그렇게 하겠다.' 고 승낙하고 그 길로 피해자에게 달려가
서 달래며 말했다. '한 사람을 살해한 사건으로 인해서 서로 싸우
고 원한을 풀지 않는다면 피차간에 손상은 더욱 많아질 수밖에 없
다. 어찌 최초에 혼란을 야기시킨 그 한 사람만을 처단하는 것만
같겠는가. 부족내부에서 물질로써 배상을 해주면 그대는 싸우지

않아도 되고 그 뿐만 아니라 또한 이익을 획득하게 된다.' 그러자 원한을 가진 집에서 그대로 따랐다.(始祖至完顔部 居久之 其部人嘗殺它族之人 由是兩族交惡 鬪鬪不能解 完顔部人 謂始祖曰 若能爲部人 解此怨 使兩族 不相殺 部有賢女 年六十而未嫁 當以相配 仍爲同部 始祖曰諾 遂自往諭之曰 殺一人而鬪不解 損傷益多 曷若只誅首亂者一人 部內以物納償 汝可以無鬪 而且獲利焉 怨家從之)

이 기록을 통해서 본다면 금金나라의 시조始祖는 본래 여진족女真族이 아니라 다른데서 온 타 부족이었으며, 처음에 타 지역에서 이주해 온 부족이 현지의 토착부족들과 조화를 이루며 정착하기까지 상당한 고난과 고충이 따랐던 사실을 반영하고 있다. 그러면 함보函普는 생여진生女真 지역 완안부完顔部 로 오기 전에는 어느 나라에 살던 어떤 민족인가.

『금사金史』「세기世紀」에는 "금金나라의 시조는 휘가 함보函普인데 처음에 고려에서 왔다.(金之始祖 諱函普 初從高麗來)"라고 적혀 있다. 이는 금나라의 시조가 본래는 여진족이 아니라 고려에서 왔다는 사실을 말해주고 있다.

『금사金史』「세기世紀」에 의하면 다음과 같은 내용도 보인다.

함보函普는 본래 3형제가 있었는데 불교를 좋아하여 고려에 남은 형의 이름은 아고내阿古乃이고 함보와 함께 숙신肅慎의 옛 땅 여진의 복알수僕幹水 유역으로 이동해 온 아우의 이름은 보활保活이다.

여기서 우리는 함보가 여진 땅으로 오기 이전에는 고려에서 함보·아고내·보활 3형제가 함께 살았는데 나중에 불교를 좋아한 형은 고려에 그대로 남아 있고 함보와 그 아우 보활이 여진으로 이주해온 사실을 알 수 있다.

그런데 홍호의 『송막기문』, 서몽화의 『삼조북맹회편』, 진균의 『구조편년비요』, 우문무소의 『대금국지』, 마단림의 『문헌통고』, 『흠정만주원유고欽定滿洲源流考』 등에는 금金나라의 시조 함보函普가 고려 사람이 아니라 신라인이라고 기록되어 있다.

함보函普의 출신에 대해 고대 중국문헌에서 "고려에서 왔다"고 말하기도 하고 혹은 "신라 사람이라"고 적혀 있기도 하여 통일된 견해가 없는데 이처럼 내용이 서로 다른 이유는 무엇일까.

함보函普는 신라 사람으로서 신라 왕실이 고려에 의해 망하자 동조세력을 이끌고 고국故國을 떠나 동북지방으로 가서 숙신肅慎의 옛 땅인 여진의 복알수僕幹水 유역에 정착하였다.

함보는 신라 사람이었으나 그가 떠나 올 때 신라의 옛 땅은 이미 고려왕국의 국토로 바뀌어 있었다. 그는 본래 신라 사람이었으므로 신라인이라고 하는 것은 맞는 말이다. 또한 그가 고국을 떠나 올 때 신라는 이미 고려의 국토가 되어 있었으므로 "고려에서 왔다."라고 말한 것도 역시 틀린 말은 아니다. 그러나 함보函普는 고려에서 왔지만 고려인이 아닌 "고려에서 온 신라인"이었다고 말하는 것이 정확한 표현이 될 것이다.

우리나라 『국사교과서』에는 신라인 함보에 대한 기록은 단 한 마디도 언급되어 있지 않다. 따라서 한국사람 가운데 신라인 함보를 아는 사람은 거의 없다. 그러나 금나라의 정사인 『금사』에는 함보가 금나라의 시조로 분명하게 기록되어 있다. 뿐만 아니라 홍호의 『송막기문』, 서몽화의 『삼조북맹회편』, 진균의 『구조편년비요』, 우문무소의 『대금국지』, 마단림의 『문헌통고』, 『흠정만주원류고』 등 중국의 여러 고대 문헌에는 "금나라의 시조 함보는 신라

▲ 청태조 누루하치

사람이다.”라고 적혀 있다.

그리고 신라인 함보의 자손들은 여진 땅에서 금나라를 세운 것에 그치지 않는다. 뒤에 중원을 통일하여 세운 청나라 왕조 또한 함보의 후손인 애신각라愛新覺羅 누루하치에 의해 건국되었다.

그렇다면 신라인 함보는 어느 의미로 보아서나 신라역사의 한 페이지를 장식할만한 중요한 인물임에 틀림없다. 그런데 우리 『국사교과서』에는 김함보라는 이름 석자조차 거명되지 않고 있다는 사실은 무엇을 의미하는 것인가.

이것은 우리 『국사교과서』가 단절·축소·왜곡으로 상징되는 일제의 식민사관을 계승하여 그 연장선상에 있다는 것을 반증하는 유력한 증거 중의 하나라고 하겠다.

함보는 김극수金克守

『흠정만주원류고』에는 "금나라의 시조가 신라왕실에서 온 김씨의 후예이다."라고만 적혀 있고 성명이 무엇인지는 나와 있지 않다. 그런데 우리나라의 『고려사』에는 그의 성과 이름이 구체적으로 기록되어 있다. 다음은 『고려사』「세가世家」예종睿宗 10년 (1115) 1월 조항에 나오는 기록이다.

이 달에 생여진生女真 의 완안 아골타 完顔阿骨打가 황제라 호칭하고 이름을 민旻으로 바꾸었으며 국호國號를 금金이라고 하였다. ……혹자는 말하기를 '옛적에 우리 평주平州의 승려 금준今俊이 도망쳐 여진으로 들어가 아지고촌阿之古村에 거주했는데 이 분을 금나라의 조상이라고 말한다.' 라고 하였다. 혹자는 말하기를, '평주의 승려 김행金幸의 아들 극수克守가 처음에 여진의 아지고촌에 들어가 여진의 여성에게 장가들어 아들을 낳았는데 고을태사古乙太師라고 하였다. 고을古乙이 활라태사活羅太師를 낳았고 활라活羅는 아들이 많았는데 장자는 핵리발劾里鉢이라 하고 막내아들은 영가盈歌라 하였다. 영가盈歌가 가장 영웅스럽고 호걸스러워 민중의 마음을 얻었다. 영가盈歌가 죽자 핵리발의 장자 오아속烏雅束이 자리를 계승하였는데 오아속이 죽은 뒤에 아우 아골타가 즉위하였다.

이 기록을 살펴보면 먼저 여진의 완안 아골타가 금나라를 세워 황제에 즉위한 사실을 말하고 이어서 아골타의 출신배경에 대해 두 가지 설을 소개하고 있다.

하나는 고려의 평주平州 승려 금준今俊을 금나라의 선조先祖로 말하고 있다. 다른 하나는 고려의 평주 땅에 살던 승려 김행金幸의 아들 김극수金克守를 아골타의 조상으로 소개하고 있어 내용상에 약간의 차이가 발견된다.

그러나 두 기록의 내용이 모두 금준今俊과, 김극수金克守의 아버지 김행金幸이 평주平州에서 승려 생활을 했다는데 있어서는 일치하는 것으로 볼 때 이 인물이 여진으로 들어가기 전 평주에서 생활할 적에 절간에 살았거나 아니면 승려노릇을 했던 것은 분명한 사실인 것으로 보인다.

왕족의 신분으로 멸망한 조국을 떠나 떠도는 과정에서 신분을 숨기기 위해 승려생활을 한다는 것은 충분히 상상할 수 있는 일이다. 망명객의 신분으로 승려생활을 하면서 신분을 숨기는 입장이라면 본래의 성명을 사용하지 않고 변성명을 하면서 여러 개의 성명을 사용했으리라는 것도 짐작이 가는 바다.

따라서 김준金俊이 아닌 금준今俊으로 되어 있는 것은 오기일 가능성도 있지만 신분을 위장하기 위해 의도적으로 금준今俊으로 표기했을 가능성도 없지 않다.

평주平州의 승려 금준과 김행金幸의 아들 김극수金克守는 동일인일 가능성이 높다. 금준과 김극수는 평주의 승려와 승려의 아들이라는 점에서 신분이 유사하고 여진으로 들어가 아지고촌阿之古村에 거주한 것이 동일하며 금나라의 조상이 된 것도 동일하다. 따라서

7강 신라의 장

금준과 김극수는 각기 다른 두 사람이 아니라 동일한 인물일 가능성이 많은 것이다.

『고려사』에서 완안 아골타 完顔 阿骨打 가 금나라를 건국하고 황제에 취임한 사실을 전하면서 여기에 실물의 이름까지 거론하며 두 가지 이야기를 덧붙인 것은 고려조에서는 그것을 뒷받침할 수 있는 보다 확실한 정보를 공유하고 있었다는 것을 말해 준다.

다만 『고려사』가 혹자의 말을 빌어 이러한 사실을 전한 것은 그것이 금나라 황제 아골타에게 직접 확인한 사실은 아니기 때문에 그러한 표현방식을 사용한 것이 아닌가 여겨진다.

중국의 『금사金史』에는 금나라 시조의 이름은 함보函普라고 나오고 금준金俊이나 김극수金克守의 이름은 보이지 않는다. 김극수가 여진에 들어간 이후에 고려에서 사용하던 이름은 폐기하고 함보라는 새로운 이름을 지어 사용했을 수도 있고 아니면 함보가 김극수의 자나 또는 호일 가능성도 배제할 수 없다.

아무튼 여러 가지 정황으로 미루어 볼 때 『금사』에 나오는 금나라의 시조 함보函普와 『고려사』에 보이는 금준今俊 · 김극수金克守가 동일한 인물임은 분명한 사실로 보여진다.

금나라가 뿌리를 고려에 두고 있다는 점은 『고려사』의 다른 기록들에서도 그러한 사실을 확인할 수가 있다. 가령 금나라의 시조 함보函普의 후손들은 고려를 "부모의 나라(父母之邦)"라고 호칭했다. 다음은 『고려사』「세가」2 예종 4년(1109) 6월 조항에 보이는 내용이다.

> 여진인 효불裏弗 · 사현史顯 등이 고려에 사신으로 와서 고려왕에게 상주上奏하기를 '옛적에 우리 태사太師 영가盈歌께서 일찍이 말하기를 '우리 조상이 대방大邦으로부터 나왔으니 자손들에 있어서는 의리상으로 볼 때 마땅히 고려에 귀속되어야 한다.' 라고 하였습니다. 현재의 태사이신 오아속烏雅束께서도 귀국을 부모의 나라로 여기고 있습니다.

그리고 『고려사』「세가」3, 예종 12년(1117) 3월 조항에는 다음과 같은 기록이 실려 있다.

금나라의 군주 아골타가 아지阿只 등 5인을 보내 고려왕에게 편지를 보내기를, '형인 대여진大女真 금나라의 황제는 아우인 고려의 국왕에게 편지를 보내노라. 우리 조상들이 한 지방을 차지하고 있으면서 거란契丹을 대국大國으로 여기고 고려를 부모父母의 나라로 여기면서 조심스러운 마음으로 섬겨 왔다.'

이상의 기록을 통해서 본다면 금나라의 선조 목종 영가穆宗 盈歌 · 강종康宗 오아속烏雅束과 태조太祖 아골타가 모두 일찍이 고려를 "부모의 나라"라고 여긴 것이 확실하다.

『금사金史』에서는 "금나라의 시조 함보函普가 본래는 고려에서 왔다.(金之始祖諱函普 初從高麗來)"라고 말했다. 『고려사』에서는 "금나라 황제 아골타의 조상이 고려 승려 김행金幸의 아들 김극수金克守의 후손이다."라고 하였다. 그리고 "목종穆宗 영가盈歌 · 강종康宗 오아속烏雅束 · 태조太祖 아골타 등 금나라 초기의 여러 왕들은 고려를 '부모의 나라'라고 호칭했다."고 하였다. 이러한 기록 등을 미루어 본다면 금나라의 시조 함보는 고려에서 망명해 온 신라왕족의 후예 김행의 아들 김극수가 확실하다고 하겠다.

함보函普가 여진족의 수령이 된 배경

　　중국의 역대 문헌 가운데 금나라의 시조 함보函普가 신라 사람
이었다는 사실을 최초로 기록한 것은 송末나라 사람 홍호洪皓가 쓴
『송막기문松漠紀聞』이다. 『송막기문』에 다음과 같은 기록이 나온다.

　　여진의 추장은 바로 신라 사람으로 호는 완안씨完顔氏 이다. 완안
　　은 한어漢語에서의 '왕王' 이라는 말과 같다. 여진에서는 그가 일에
　　숙달함으로 인해서 뒤에 수령의 자리로써 그에게 양보하였다.(女真酋
　　長 乃新羅人 號完顔氏 完顔猶漢言王也 女真以其練事 後隨以首領讓之)

　　이 기록은 함보函普가 본래 여진 사람이 아닌 신라 사람으로서

여진의 수령에 오를 수 있게 된 배경을 "연사練事"라고 설명하고 있다. '연練'은 연습練習의 뜻으로 "연사練事"란 "사무에 밝다" 또는 "사정에 숙달하다"는 의미가 될 것이다.

당시에 함보函普가 신라인으로서 여진족의 수령에 오를 수 있었던 것은 대체로 세 가지 배경이 있었다고 본다.
『송막기문』의 기록에 따르면 다음과 같은 내용이 보인다.

> 여진은 옛 숙신국 肅愼國 인데 동한시대에는 읍루挹婁, 북위시대에는 물길勿吉, 수당시대에는 말갈靺鞨이라 하다가 오대五代시기에 이르러 비로소 여진이라 호칭하게 되었다. 당태종이 고구려를 정벌할 때는 말갈이 고구려를 도와서 싸우기를 매우 적극적으로 하였다.(……唐太宗 征高麗 靺鞨佐之 戰甚力)

이런 기록을 통해서 본다면 말갈과 우리 민족은 매우 우호적인 관계를 유지하고 있었음을 알 수 있는데 여진은 바로 흑수말갈黑水靺鞨에 기원을 두고 있다.

함보函普가 신라인으로서 여진의 수령에 오를 수 있었던 원인은 첫째, 여진과 우리 민족은 동일계통의 동이민족으로서 역사적으로 이런 우호적인 유대관계를 지속해 오고 있었으므로 동일민족이라는 바탕위에서 그러한 일이 어렵지 않게 가능할 수 있었다고 본다.

둘째는 신라의 문화적 우월성이다. 신라는 505년에 주州 · 군郡 · 현縣 제도를 실행하고 520년에 율령律令을 반포하였으며 존비의 차별이 있는 백관百官의 복색服色을 제정하고 엄격한 신분제도를 실시하여 선진적인 국가체제를 완전하게 갖추었다. 신라는 당나라에 의해 동방의 군자국으로 호칭될 만큼 문화적으로 선진적인 나라였다.

그러나 여진족은 달랐다. 금나라의 시조 함보의 5세손 소제昭帝 때에 이르기까지 "문자文字도 없고 관부官府도 없었다. 일년 · 한달 · 그믐 · 초하루(歲月晦朔)도 몰랐다. 그렇기 때문에 나이가 많고 적은 것조차도 알 길이 없었다.(未有文字 無官府 不知歲月晦朔 是以年壽修短 莫得而考焉)"라고 『금사金史』에 적혀 있다.

이런 것을 본다면 초기에 여진족의 문화적 낙후성이 어느 정도였는지는 긴 설명이 필요치 않다. 아마도 선진국에서 나고 자란 신라인을 통해 선진문화를 수용하는 가운데 자연스럽게 그를 지도자로서 받아드리게 되었을 것이다.

셋째는 『송막기문』에서 말한 것과 같은 함보函普의 '연사練事'이다. 신라인 함보는 그가 여진에 가서 초기에 신라인과 여진족 간에 발생한 종족간의 다툼을 슬기롭게 처리한 사실이 『금사金史』에 실려 있는데 이런 것으로 미루어 본다면 함보는 어떤 사건이나 사무의 처리에 있어 능숙한 솜씨를 지닌 지혜로운 인물이었음을 알 수 있다. 아마도 이러한 3가지 원인이 신라인 함보가 다른 민족이 사는 지역인 여진에 가서 그곳의 추장의 자리에 오르는 일이 가능하게 되었던 배경이 아닐까 여겨진다.

당시에 여진은 숙여진熟女真 과 생여진生女真 으로 나뉘어져 있었다. 혼동강混同江 남쪽에 있는 여진을 숙여진, 혼동강 북쪽에 있는 여진을 생여진이라고 하였다. 숙여진은 거란에 복속되었고 생여진은 처음에는 거란에 복속되었으나 나중에 독립하였다. 함보函普는 바로 이 생여진의 수령이 되었던 것이다.

함보函普는 신라왕실 김씨金氏 후손

『송막기문松漠紀聞』에서는 "여진의 추장酋長이 신라 사람이다." 라고 간단하게 말하였다. 『금사金史』에는 "금나라의 시조가 이름 이 함보函普인데 고려에서 왔다."라는 내용이 전할 뿐이다. 함보가 누구인지 그의 인적사항에 대한 구체적인 설명은 전혀 없다.

금나라의 시조인 함보가 신라왕실의 후예로서 성이 김씨라고 최초로 밝힌 것은 『흠정만주원류고欽定滿州源流考』이다. 그 내용을 아래에 인용하면 다음과 같다.

금나라의 시조는 본래 신라에서 왔으며 호는 완안씨이다. 그의 부
족들은 완안부라고 호칭했다. 신라왕의 성씨는 김씨이다. 그러니

금나라의 먼 조상은 신라에서 나왔던 것이다.(金始祖本從新羅來 號完顔氏 所部稱完顔部 新羅王金姓 則金之遠派 出於新羅)

『흠정만주원류고』에는 다음과 같은 기록도 보인다.

신라 왕은 성이 김씨인데 서로 전하기를 수십 세世를 하였다. 그러니 금金나라가 신라로부터 온 것은 의문의 여지가 없다.(新羅王金姓 相傳數十世 則金之自新羅來無疑)

여기서는 금金나라가 신라왕실 김씨金氏의 후예라는 사실이 의심의 여지가 없다는 것을 보다 확신에 찬 어조로 못 박아서 말하고 있다. 다른 기록과 달리 『흠정만주원류고』는 청나라 사람 아계阿桂 등이 황제의 칙명勅命을 받들어서 편찬한 책이다. 앞에 흠정欽定 두 글자가 붙은 것은 황제의 특명에 의해 편찬된 것을 의미하는 것이다. 당시에는 황제가 국가를 대표하였으므로 흠정은 오늘날의 국정國定이라는 말과 같은 셈이다.

따라서 이런 저작들은 당시 국가에서 권위 있는 학자들을 총동원하여 국력을 기울여 편찬한 책들로서 그 비중 면에서 볼 때 어느 한 개인의 저작과는 크게 다르다.

그런데 『흠정만주원류고』에서 금나라의 시조를 신라왕실 김씨의 후예로 단정지어 말했다는 것은 이는 추상적인 언급이 아니라 당대 최고 학자들의 종합적인 연구·검토를 거친 끝에 내린 최후의 결론이라고 할 수 있다.

그렇다면 우리는 금나라의 시조 함보가 신라왕실 김씨의 후예라는 『흠정만주원류고』의 주장을 사실로 받아들여도 좋은 것이다.

신라는 건국 초기에는 박혁거세朴赫居世의 후손인 박씨가 정권을 담당하였다. 그러다가 남해차차웅南解次次雄의 사위로서 석씨昔氏인 탈해이사금脫解尼叱今이 유리왕儒理王의 뒤를 계승하였다.

그 뒤로는 박씨와 석씨가 서로 정권을 주고받으면서 왕조를 유지하다가 4세기 중엽 이후로 부터 935년 고려에 의해 신라가 멸망할 때까지 김씨에 의해 왕위가 세습되었다. 김씨는 내물이사금奈勿尼叱今으로부터 경순왕敬順王 대에 이르기까지 무려 40대에 달하는 장구한 시일에 걸쳐 신라를 통치하였다.

『흠정만주원류고』에서 "신라왕성 김씨는 서로 전하기를 수십 세를 하였으니 금나라가 신라로부터 유래한 것은 의심의 여지가 없다"라고 한 것은 바로 이 점을 가리켜 말한 것이다.

신라 왕실의 김씨는 100년~200년이 아닌 무려 500여 년에 달하는 긴 세월에 걸쳐 신라를 통치하였으므로 그 뿌리가 깊었다. 역사와 전통이 깊은 신라가 망한 이후 그 왕실의 자손들이 고려를 떠나 이웃나라로 가서 자리를 잡는 것은 얼마든지 어렵지 않게 가능한 일이었다.

따라서 『흠정만주원류고』에서 "금나라의 시조가 신라 왕실에서 온 김씨의 후예라는 사실이 의심의 여지가 없다."라고 잘라 말한 것은 역사사실에 부합되는 정확한 주장인 것이다.

금金나라 국호國號와 신라왕실 김씨金氏

금나라(1115~1234)는 금태조金太祖 완안 아골타完顏 阿骨打가 숙신肅慎의 옛 터전인 지금의 흑룡강성 아성阿城 남쪽에 세운 나라이다. 926년 요태조遼太祖 야률아보기耶律阿保機가 발해를 멸망시키자 이때 일부 여진인들은 발해인을 따라 남쪽으로 이동하여 요나라의 호적에 편입되었다. 이들을 '숙여진熟女真'이라 했다. 남쪽으로 이동하지 않고 옛 땅에 그대로 머물러 살던 여진인들은 요나라의 호적에 편입되지 않았는데 이들을 '생여진生女真'이라 불렀다.

생여진의 여러 부족들 가운데서 완안부完顏部가 점차 강대한 세력으로 성장하였다. 그들은 안출호수按出虎水, 지금의 아십하阿什河

일대에 거주하였다.

초기의 여진족들은 통일되지 않은 수 십 개의 부락으로 나뉘어져 있었다. 완안씨는 여진의 여러 부락들 가운데서 그다지 특출한 면은 없었는데 그들이 발전의 계기를 맞은 것은 오고내烏古乃(1021~1074)에 이르러서였다.

오고내가 완안부의 추장을 맡으면서부터 완안씨가 여진족 중에 강대한 부락으로 발전하였다. 수 십 개 여진부족을 정복하고 연합하여 부락연맹을 조성한 다음 오고내가 수령으로 취임하였다. 그리고 요遼나라로부터 절도사節度使 칭호도 부여 받았다. 오고내는 요나라 왕조의 지지를 등에 업고 여진의 각 부족들을 통일시키는 작업을 더욱 강화하였다.

오고내가 사망한 뒤에는 그 아들 핵리발劾里鉢이 이어서 수령의 자리를 계승했다. 핵리발이 그 아우 영가盈歌와 함께 활자혼수活剌渾水에 있는 흘석렬紇石烈 부락과 싸워 이기며 부락연맹 체제를 더욱 공고히 하였다. 이때는 부락연맹이 30개 부락을 포괄하는 단계로까지 확대되었다.

1113년 10월 핵리발의 차자次子인 아골타阿骨打가 연맹의 수령을 맡았다. 아골타시기에 이르러서는 여진족 각 부락의 연맹체제가 이미 공고화되어 요遼나라의 압박에 대항할 수 있는 역량이 충분히 갖추어져 있었다.

이러한 것을 기초로 아골타는 요나라 말엽 여진의 여러 부족들을 통일한 다음 1115년 회녕부會寧府 즉 지금의 흑룡강성 하얼빈시 아성구阿城區에 나라를 세우고 국호를 대금大金, 연호를 수국收國으

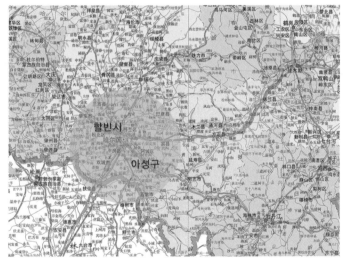

▲ 흑룡강성 하얼빈시 지도

로 정하였다.

우리가 여기서 주목하는 것은 금태조 아골타가 건국하면서 나라 이름을 여진이라 하지 않고 금나라라고 한 사실이다.

가령 거란契丹은 당唐나라 말엽 거란의 수령 야률아보기耶律阿保機가 각 부락을 통일한 뒤 907년 가한可汗에 즉위하여 916년 황제라 호칭하고 연호를 신책神册, 국호를 거란이라 하였다. 이는 거란이라는 민족명을 국가의 명칭으로 삼은 것이다.

그 뒤 거란 태종太宗 대동大同 원년(947)에 거란은 국호를 대요大遼로 바꾸었다. 하지만 거란문契丹文이나 여진문女真文 가운데서는 국호를 요遼나라로 바꾼 이후에도 거란이라는 국명을 계속해서 동시에 사용한 사실을 확인할 수가 있다.

고대의 국가명은 거란의 경우에서 보는 것처럼 민족의 명칭을 국가의 명칭으로 삼은 경우가 많다. 해奚 · 유연柔然 · 돌궐突厥 · 부여夫餘 · 고구려 등이 다 민족명을 국가의 명칭으로 삼은 경우에 해당한다.

중국은 오랜 역사가 흐르는 동안 왕조가 여러 차례 바뀌었는데 새로운 왕조의 창건자에게 있어서 가장 먼저 고려의 대상이 되는 것은 왕조의 명칭 즉 국호를 무엇으로 정할 것인가 하는 것이다.

국호는 고대 사회에서 어떤 원칙에 따라 결정되었는가. 고증에 의거하면 대체로 아래와 같은 다섯 가지 원칙이 존재했다. ①부족이나 또는 부락연맹의 명칭에 의해서 결정함. ② 창건자의 원래의 봉호封號나 작위爵位에 의해서 결정함. ③ 창건자의 원래 소재지나 또는 정권이 통치하던 구역에 의해서 결정함. ④종족관계의 계승을 통해서 결정함. ⑤ 길상吉祥의 의미를 부여하여 결정함.

원元나라는 원세조 홀필렬忽必烈이 몽고에서 원나라로 국호를 바꾸었다. 『주역周易』의 "대재건원大哉乾元"이라는 글귀 중의 '원元'자를 취한 것인데 '크다'(大) '으뜸'(首) 등의 의미가 담겨 있다. 이는 길상吉祥의 의미를 부여하여 국명國名을 정한 것이다.

주周나라는 고공단보古公亶父시기에 이르러 지금의 중국 섬서성 기산岐山에 있는 주원周原으로 부락을 옮겼는데 무왕武王이 은殷나라를 멸망시킨 이후에는 주원의 주周를 왕조의 이름으로 삼았다. 이는 부락연맹의 명칭을 국명國名으로 삼은 경우에 해당한다.

상商나라는 시조 설契이 지금의 하남성 상구商丘 남쪽에 있는 상商 땅에 분봉을 받았는데 그 뒤에 이를 국호로 삼았다. 이는 봉호를 국호로 삼은 경우이다.

당고조唐高祖 이연李淵은 북주北周시대에 당국공唐國公에 분봉되었다가 나중에 당나라 왕조를 건립하였다. 이는 역시 봉호를 국명으로 삼은 것이다.

한고조漢高祖 유방劉邦은 처음에 항우項羽에 의해 한왕漢王에 분봉되어 파촉巴蜀 지역과 한중漢中 일대를 통치하다가 나중에 항우를 격파하고 황제가 되어 국호를 한漢이라고 하였다. 이는 원래 통치하던 지역을 국명으로 삼은 경우에 해당한다.

금나라 태조 아골타는 여진의 여러 부락을 통일하여 1115년 지금의 흑룡강성 하얼빈시 아성구에 있던 회녕부會寧府에 나라를 세운 뒤 국호를 여진이라 하지 않고 금金이라고 하였다.

국호를 금나라라고 하게 된 경위를 『금사金史』「지리지地理志」에서는 이렇게 적고 있다.

나라에 금수원金水源이 있다. 그래서 국명을 금이라고 하였다(以國有金水源為名)

그러나 『금사金史』「태조본기太祖本紀」에는 국명國名의 제정과 관련하여 이와는 전혀 다른 다음과 같은 내용이 실려 있다.

수국收國 원년 정월 초하루 날 여러 신하들이 존호尊號를 받들어 올려 이날 황제로 즉위하였다. 주상이 말하기를, '요遼나라는 빈철賓鐵을 국호로 삼았는데 그것은 견고함을 취한 것이다.
빈철賓鐵은 비록 견고하기는 하지만 끝내는 또한 변질되고 파괴된다. 오직 금金은 변질되지도 않고 파괴되지도 않는다. 금金의 빛깔은 흰데 완안부完顏部의 색상은 흰색을 숭상한다. 그러므로 국호를 대금大金이라 하고 수국收國으로 연호를 고친다.(收國元年 正月壬申朔 群臣奉上尊號 是日即皇帝位 上曰遼以賓鐵為號 取其堅也 賓鐵雖堅 終亦變壞 惟金不變不壞 金之色白 完顏部色尚白 於是國號大金 改元收國)

빈賓은 빈鑌 과 통용되는 글자로서 빈철賓鐵은 정련精煉된 철鐵을 말한다. 정련된 철을 의미하는 요遼로 국명國名을 삼은 것은 견고함을 취한 것이다.그러나 쇠는 끝내 변질되고 파괴되기 마련이다. 오직 금金은 변질되지도 파괴되지도 않는다. 더구나 백색白色의 금金은 완안부完顏部가 숭상하는 흰색과도 부합되기 때문에 그래서 국호를 대금大金이라 하였다는『금사金史』「태조본기太祖本紀」의 기록은 금수金水의 수원水源이 있어서 국호를 금金이라 하였다는『금사金史』「지리지地理志」의 내용과 크게 다르다. 과연 어떤 말이 맞는 것일까.

『흠정만주원류고欽定滿州源流考』에서는 금나라의 국명國名이 신라왕의 김씨 성에서 유래했다는 사실을 말하고『금사金史』「지리지地理志」의 "금수원金水源"설을 다음과 같이 비판하고 있다.

역사기록을 통해서 살펴보면 신라 왕실은 김씨 성이 서로 주고받기를 수십 세世동안 하였다. 그렇다면 금나라가 신라로부터 유래했다는 것은 의심의 여지가 없다. 건국할 때 나라 이름을 금나라라고 한 것도 역시 당연히 이 김씨 성에서 취한 것이다.『금사』「지

리지」에 '국가에 금수원金水源이 있어서 그것으로 국명을 삼았다'
라고 말한 것은 사가史家가 견강부회한 말로서 족히 믿을만한 것이
못된다.(以史傳按之 新羅王 金姓 相傳數十世 則金之自新羅來 無疑 建國之名 亦應取
此 金史地理志 乃云 以國有金水源 為名 史家附會之詞 未足憑耳)

우리는 여기서 금나라의 국명國名과 관련하여 세 가지 이설이
존재한다는 사실을 알 수 있다.
① 금金나라 발상지에 금수원金水源이 있어서 나라 이름을 금이
　　라 했다는 『금사金史』「지리지地理志」의 설 :
② 백금白金은 변질되거나 파괴되지 않기 때문에 그것을 취해서
　　국호를 금이라 했다는 『금사金史』「태조본기太祖本紀」의 설:
③ 금金나라의 뿌리가 신라왕실의 김씨 성으로부터 유래했는데
　　건국할 때 국가명도 그것을 취하여 금이라 했다는 『흠정만
　　주원류고』의 설이 그것이다.

그렇다면 이제 위의 세 가지 설중에서 어떤 것이 실제사실과
가장 부합하는 설인지를 검토·분석하는 일이 필요하다.
『대금국지大金國志』에는 "나라에서 금이 생산된다.(國產金)"라는

기록이 있다. 또 "금수원金水源이 있다.(有金水源)"라는 말도 하고 있다. 그러나 그로 인해서 나라 이름을 금金이라 하였다는 기록은 찾아볼 수 없다. 따라서 이것을 국명과 연관 지은 것은 『흠정만주원류고』의 지적처럼 『금사』「지리지」의 저자가 견강부회한 것일 가능성이 많다.

세 가지 설중에서 가장 신뢰할 수 있는 것은 아마도 금태조金太祖가 황제로 즉위하는 날에 직접 언급한 내용일 것이다. 다만 여기에는 "금金은 변질되거나 파괴되지 않기 때문에 국가가 백금白金처럼 영원하라는 의미에서 국명을 금金이라 하였다."라는 말만 나와 있고 신라 왕실의 김씨 성과 관련된 내용은 전혀 언급이 없다.

그렇다면 『흠정만주원류고』는 무엇을 근거로 금나라 이름이 신라의 김씨 성에서 유래되었다고 잘라 말한 것일까.

금나라는 통치계급은 신라에서 온 김씨의 후예지만 일반 백성들은 여진족이 주류를 이루었다. 김씨가 건국을 한 다음 국명을 여진국이라 하지 않고 금나라라고 하면서 그 근거를 신라 왕실의 김씨 성에 두고 있다고 설명을 했다면 분명 여진인들의 반발을 사서 민심을 얻는데 도움이 되지 않았을 것은 자명한 일이다.

그러나 고려에서 여진으로 망명해 온 신라인 김함보金函普의 가문은 "우리 가문은 신라왕실에서 유래했으며 뿌리를 잊어서는 안된다" 라는 어떤 당부 같은 것이 유언처럼 조상 대대로 전해져 내려 왔을 것이다.

그런 연유로 김태조金太祖시기에 이르러 건국을 하고 국호를 정하는 과정에서 조상들의 당부와 가문의 전통을 상기시키며, 뿌리를 지키고 조상을 잊지 않는다는 의미에서 나라 이름을 금金이라고 하였을 가능성이 충분히 있다.

다만 이러한 사실을 여진인들에게 사실대로 말할 수는 없는 일이었다. 그러므로 신라 왕실 김씨의 후손인 아골타는 "금金은 변하지 않고 파괴되지 않기 때문에 나라 이름을 금이라 하였다." 라는 그럴 듯한 명분을 내세워 그 속내를 숨겼던 것이라고 하겠다.

『흠정만주원류고』는 앞서도 말한 바와 같이 황제의 칙명으로 편찬된 책이다. 이 책의 저작과정에서는 당연히 마단림馬端臨의

『문헌통고文獻通考』와 우문무소宇文懋昭의 『대금국지大金國志』와 『금사金史』의 기록 등이 종합적으로 검토되었을 것이다.

　　여진이 건국한 다음 금金으로써 국호를 삼은 것은 신라 왕실의 김씨 성에서 유래했다.

　『흠정만주원류고』의 이와 같은 주장은 이들 기록을 종합적으로 검토한 다음 도출된 최종적인 결론에 해당한다고 하겠다. 다시 말하면 금金나라의 국호는 금수원金水源이라는 강물이나 또는 변질되지 않고 파괴되지 않는다는 백금白金에서 유래된 것이 아니라 신라 왕실의 성 김씨에서 유래되었다는 것이 청나라 황실 편찬의 『흠정만주원류고』가 내린 최종 결론인 것이다.

청淸나라 황실의 성姓 애신각라愛新覺羅와 신라

　　청나라는 만주족이 세운 중국의 마지막 왕조로 1616년~1912 년까지 268년 동안 중국을 통치했다. 한족이 중원을 다스리던 한漢 · 당唐 · 송宋 · 명明시대에는 사실 만리장성너머 동북방을 제대 로 지배한 적이 없다. 고조선 · 부여 · 고구려 · 선비 · 말갈 · 거 란 · 여진 등 동이東夷 민족들이 이 지역의 토착민으로서 활동하고 있었기 때문이다.

　　그런데 동북의 백두산지역에 근거지를 둔 만주족이 중국을 지 배하면서부터 만리장성 너머 중국의 동북지방이 모두 중국의 강 역에 포함되게 되었다.

청나라의 강역은 동북쪽으로 흑룡강 이북의 외흥안령外興安嶺까지 도달했을 뿐만 아니라 서쪽으로는 파미르 고원을 넘었고 서북쪽으로는 발하슈 호수에 도달했다. 북쪽으로는 시베리아와 접경을 이루고 동쪽으로는 태평양에 임했으며 동남쪽으로는 대만台灣과 그 부속도서에 도달하고 남쪽으로는 남해南海 제도에 이르렀다.

한족정권인 한·당·송·명이 중국을 통치할 당시에는 서쪽으로 신강新疆 지역이나 동남쪽으로 대만지역이 중국의 강역에 포함된 전례가 없었다. 신강은 청나라 건륭乾隆시대 중엽에 준갈이准噶爾·회부回部를 평정하여 중국의 판도에 편입시켰는데 새로 중국의 강역에 편입되었다는 의미에서 이때 지명을 신강新疆이라고 바꾼 것이다.

▲ 청태조 건륭황제

대만은 1683년 청나라의 강희康熙 황제가 대만을 통일하여 1684년 대만부台灣府를 설치하였다. 명나라 때까지도 대만은 중국이 아니라 동이東夷의 국가인 이주夷洲였다.

오늘날 중국이 영토상에서 거대한 중국의 기초를 닦은 것은 사실 한나라도 당나라도 송나라도 명나라도 아닌 바로 동이민족이 세운 청나라 왕조였던 것이다.

청나라는 건륭 황제가 신강을 통일하고 강희 황제가 대만을 통합하여 중국의 강역에 포함시킴으로써 영토상에서 광활한 대륙의 국토를 완벽하게 통일하는데 기여했을 뿐만 아니라 중국의 역사 문화유산을 총정리 집대성하는 위대한 작업들의 많은 부분들이 또한 대체로 청나라에 의해서 이루어졌다.

예컨대 만리장성과 함께 중국의 3대 기적의 하나로 손꼽히는 『사고전서四庫全書』의 발간, 『고금도서집성古今圖書集成』의 간행 등이 모두 청나라 강희·건륭시기에 이루어진 사실이 그것을 잘 입증해준다.

명나라시대에 간행된 문헌들을 살펴보면 『영락대전永樂大典』이외에 딱히 내세울만한 것이 별로 없다. 명나라와 청나라의 문헌을 놓고 비교했을 때 그 문화적 우열이 극명하게 대조를 이룬다. 청나라는 강역 상에서 오늘의 중국이 있게 한 나라일 뿐만 아니라 문화적으로도 중국을 중국답게 한 나라였던 것이다.

그런데 오늘날 우리가 여기서 주목해 보아야 할 것은 청나라는 애신각라愛新覺羅 누루하치努爾哈赤(1559~1626)가 세운 나라로 본래는 국호가 대금大金이었으며 그 아들 황태극皇太極에 이르러 비로소 국호를 '청清'으로 개정했다는 사실이다.

청태조清太祖 애신각라 누루하치는 명나라 가정嘉靖 38년(1559) 건주建州 여진의 소극소호부蘇克素護部 혁도아라성赫圖阿拉城 (현재의 중국 요녕성 무순시撫順市 신빈현新賓縣)에서 태어나 만주에서 청나라 전신인 금나라 왕조(1616~1636)를 세웠는데 사학계에서는 일반적으로 12세기에 완안 아골타完顔 阿骨打가 세운 전기의 금나라와 구분하기 위해 이를 '후금後金'이라고 통칭한다.

청나라시대의 기록에는 '후금後金'이라는 표현은 나오지 않는데 아골타가 금나라를 세운 수백년 뒤에 누루하치가 다시 나라를 세우면서 국호를 '금金'이라고 한 것은 완안씨完顔氏가 앞서 세웠던 금나라를 그대로 계승한다는 것을 표명한 것이라 할 수 있다.

금태조金太祖 완안 아골타가 여진족을 통일한 뒤에 세운 금나라(1115~1234)는 1234년 남송南宋과 몽고의 남북협공을 받아 멸망하였다. 나라는 망하였으나 여진의 잔존세력들은 원元나라와 명나라시대를 경과하면서 계속 중국의 동북방지역에서 활동하였다.

명나라 말엽 조정이 부패하고 변방의 방비가 허술해진 틈을 타서 1616년 (명나라 만력萬歷 44년) 건주建州 여진 수령 누루하치가 분열된 여진족의 각 부락을 다시 통일하여 후금後金 정권을 건립했다. 혁도아라赫圖阿拉 즉 지금의 요녕성 신빈현新賓縣에 도읍을 정하고 나라 이름을 대금大金, 연호를 천명天命이라 하였다.

1618년(명나라 만력萬歷 46년) 누루하치는 "칠대한七大恨"이라는 명나라를 토벌하는 격문檄文을 선포하고 군사를 일으켜 명나라를 공격하는 활동에 공개적으로 나섰다.

1626년 청태조 누루하치가 영원寧遠 전쟁 도중에 명나라 군대의 대포에 상처를 입고 세상을 떠나자 그 아들 애신각라愛新覺羅 황태극皇太極이 즉위하여 1636년(명나라 숭정崇禎 9년) 국호를 청淸으로 바꾸고 금金이라는 국호의 사용을 중지하였다. 청나라라는 명칭은 이때부터 사용을 시작한 것이다.

명나라 후기에 중국 동북지방의 백두산白頭山 서쪽 기슭과 송화강松花江 · 요하遼河 유역 일대에 여진인女真人이 살고 있었다. 여진인들은 뒤에 3부족으로 나뉘어졌다. 그 중에서 한 부락이 가장 강성

했는데 바로 명나라시기에 건주建州 여진이라 호칭되던 부족으로 지금의 중국과 조선변경의 백두산 일대에 거주하고 있었다.

이들 건주 여진은 바로 신라왕실에 뿌리를 둔 완안 여진完顏女真의 후예들이다. 특히 후금後金을 세운 주역인 누루하치 등 건주 여진의 귀족들은 금태조金太祖 완안 아골타完顏 阿骨打의 직계후손들이었다. 그래서 그들은 완안 아골타의 금나라를 계승한다는 의미에서 나라 이름을 다시 대금大金이라 했던 것이다.

그러나 금나라뿐만 아니라 청나라도 또한 그 뿌리를 따져보면 신라 김씨의 후손임이 분명하다. 그것은 무엇보다도 '애신각라愛新覺羅'라는 청나라 황실의 성씨에서 여실히 드러난다.

만주어에서 '애신愛新'은 '금金'을 의미한다. 그리고 '각라覺羅'는 여진어에서 '원방遠方'을 의미하는 말이었는데 뒤에 '원지遠支'를 의미하는 말로 바뀌었다. 따라서 만주어 '애신각라'는 '김원지金遠支' 우리 말로는 '김씨金氏의 먼 지손'이 되는 것이다.

아골타阿骨打가 건국한 금나라의 시조가 함보函普이고 함보는 신라왕실의 후손이므로 금나라를 계승하여 후금을 건국한 완안 아골타의 후손 누루하치는 당연히 김씨金氏의 원지遠支 즉 먼 자손이 된다. 청나라 황실의 성 애신각라愛新覺羅에는 이런 역사적 비밀이 숨겨져 있는 것이다.

애신각라愛新覺羅 황태극皇太極이 국호를 금金에서 청淸으로 바꾸면서 국명에 내재되어 있던 신라 왕실 김씨金氏의 흔적은 지워졌다. 그러나 청나라 황실의 성 '애신각라'라는 네 글자 속에는 청나라가 신라 김씨의 후예라는 의미가 그대로 살아 있었던 것이다.

신라에서 고려로 왕조가 교체된 이후 신라 왕실의 김씨 후손들은 중국으로 건너가 다시 김씨 왕조인 금金나라를 세웠고 이 금나라가 발전하여 중국천하를 완벽하게 통일한 것이 저 위대한 청나라 왕조였다.

이런 시각에서 접근한다면 한국사는 지금까지 우리가 인식해 왔던 것과는 전혀 다르다. 그 판도가 완전히 다른 차원에서 역사가 전개되었다는 사실을 깨닫게 된다.

반만년 전 동아시아 최초의 국가 고조선이 밝달족에 의해 요서遼西의 홍산문화紅山文化 유적지에서 건국되었고 중국 최후의 국가 청나라가 역시 밝달족 신라의 후손들에 의해 민족의 영산 백두산 밑을 발상지로 하여 건국된 사실이 그것을 잘 입증해준다고 하겠다.

『주역周易』에서는 동북방을 상징하는 간괘艮卦를 설명하면서 그 특징을 "성시성종成始成終"이라고 표현하였다. "성시성종"은 시작도 동북의 간방에서하고 종결도 동북의 간방에서 한다는 뜻이다.

동북방의 밝달민족에 의해 발해의 모퉁이에서 고조선이 건국되어 동아시아 역사의 첫걸음이 시작되었고 동북방 밝달족 신라의 후예에 의해서 청나라가 건국되어 중국의 마지막 왕조를 장식한 것은 『주역』에서 설명하는 "성시성종成始成終"의 원리와 정확히 부합된다.

매사는 시작과 끝이 중요하다. 밝달족의 피를 이어 받은 우리 한국인은 역사적으로 볼 때 동아시아문명을 시작하고 마무리한 위대한 민족이다. 이제 세계사는 순환왕복의 법칙에 따라 새로운 역사를 시작해야 할 시점에 와 있다. 21세기에 동북 간방艮方의 우리 밝달민족의 역할이 새삼 중요하게 인식되는 이유가 여기에 있다고 하겠다.

신라와 우이峿夷, 계림鷄林과 길림吉林

『흠정만주원류고』는 청나라 건륭乾隆 43년에 태학사太學士 아계阿桂 등이 황제의 칙명을 받들어 총 20권으로 편찬한 책이다. 우리 고대사와 관련이 깊은 만주지역의 원류를 밝힌 이 책은 신라·발해·백제 등의 역사를 연구하는데 있어 크게 참고가 된다.

『흠정만주원류고』 권 4에는 신라의 원류를 밝히는데 매우 중요한 참고가 되는 내용이 실려 있다. 그것을 여기에 우리말로 옮겨 적으면 아래와 같다.

……6년(당고종唐高宗 영휘永徽 6년, 655)에 백제가 고구려·말갈

7강 신라의 장

과 함께 군대를 이끌고 신라의 북쪽 경계를 침공하여 30여 성城을 무너뜨리니 김춘추金春秋가 표表를 올려 구원을 요청했다.

현경顯慶 (당고종唐高宗 이치李治의 연호(656~661)) 5년(659)에 소정방蘇定方을 명하여 웅진도대총관熊津道大總管을 삼아 수군水軍과 육군陸軍 10만 명을 통솔하도록 하고 이어서 김춘추를 우이도행군총관嵎夷道行軍總管으로 삼아 소정방蘇定方과 함께 백제를 토벌하여 평정하도록 하였다.

이로부터 신라가 점차 고구려 · 백제의 땅을 소유하여 그 영토가 더욱 커졌다. 용삭龍朔 (당고종 이치李治의 연호. 이치는 661~663년까지 3년 동안 이 연호를 사용했다) 원년(661)에 김춘추가 서거하자 조서詔書를 내려 그 아들 태부경 법민太府卿法敏이 자리를 계승하도록 하여 개부의동삼사開府儀同三司 상주국上柱國 낙랑군왕樂浪郡王 신라왕新羅王으로 삼았다.

3년(663)에 조서詔書를 내려 신라국新羅國으로써 계림주도독부雞林州都督府로 삼았으며 (살펴건대 계림雞林 과 지금의 길림吉林은 음역音譯과 지리地理가 모두 부합된다. 이때 신라는 이미 백제 · 고구려의 땅과 말갈을 겸하여 소유하였다. 그러므로 여기에 도독부都督府를 설치하여 왕王으로 하여금 거느리도록 해서 그 지역의 무게를 더

해준 것이다.) 법민法敏을 계림주도독鷄林州都督으로 삼았다.

(六年 百濟與高麗靺鞨率兵 侵其北界 攻陷三十餘城 春秋上表求救 顯慶五年 命蘇定方 爲

熊津道大總管 統水陸十萬 仍命春秋爲嵎夷道行軍總管 與定方討平百濟 自是新羅 漸有

高麗百濟之地 其界益大 龍朔元年 春秋卒 詔其子太府卿法敏嗣位 爲開府儀同三司 上柱

國 樂浪郡王 新羅王 三年詔以其國爲鷄林州都督府 按 鷄林與今吉林 晉譯地里俱符 是

時新羅 旣兼有百濟高麗之地與靺鞨 故設都督府於此 俾王領之以重其鎭耳 授法敏爲鷄林

州都督)

이 글에서 김춘추金春秋를 우이도행군총관嵎夷道行軍總管으로 삼았다고 말하고 있는데 이것은 당나라에서 신라를 우이嵎夷로 여겼다는 것을 반증하는 중요한 근거가 된다.

김춘추를 우이도행군총관으로 삼았다는 내용은 『구당서舊唐書』·『신당서新唐書』·『자치통감資治通鑑』등 중국의 여러 사서들에서 그러한 기록을 확인할 수 있다.

여기에서 특히 주목되는 부분은 계림鷄林과 길림吉林은 발음상으로나 지리상으로나 모두 부합된다고 하여 신라의 계림을 한국의 경주慶州가 아닌 중국의 길림으로 설명하고 있는 점이다. 그리고 이때 신라는 고구려·백제 영토뿐만 아니라 말갈의 땅도 소유했다라고 표현한 부분도 주목된다.

신라가 동이東夷의 뿌리인 우이嵎夷
의 후예이고 그 영토는 한반도
에 국한되지 않고 오늘의 길림
성 지역을 비롯한 북방의 말갈 영
토까지를 차지했다고 한다면 신라사
는 지금까지의 반도사 중심의 연구를
지양하고 새로운 차원의 연구가 필요하다
고 말하지 않을 수 없다.

▲ 청나라 건륭황제시기에
편찬된 동아시아 사료의
보고인 『사고전서』.
『흠정만주원류고』도 이 안에
수록되어 있다.

강단의 일부 사학자는 『흠정만주원류고』의 내용이 한국사학계
의 통설과 다르다는 것을 이유로 그 사료적 가치를 평가 절하하는
경우도 있다. 그러나 『흠정만주원류고』는 어느 한 개인의 저작이
아니라 '흠정欽定' 즉 오늘날의 개념으로 설명하자면 국정國定이다.
따라서 청나라의 국정역사서인 『흠정만주원류고』의 사료적 가치
는 결코 평가절하 될 수 없다. 여기에 기록된 우리역사와 관련된
사료들은 오늘날 우리의 『국사교과서』를 편찬하는데 있어 그 내
용이 당연히 반영되어야 한다.

교과서에서 배우지못한 **우리역사**

초판 1쇄 발행 2014년 11월 12일

지은이 심백강
발행인 육 일
펴낸곳 바른역사(주)
디자인 디자인투데이(고미자) www.designtoday.kr
주 소 서울시 종로구 새문안로3길 23, 401호
         (내수동 경희궁의 아침 4단지 오피스텔)
전 화 070-4243-2535
메 일 barun522@hanmail.net
등 록 2014년 7월 2일
ISBN 979-11-953222-4-4 03900

ⓒ 심백강 2014
이 책의 저작권은 저자에게 있습니다. 저자와 출판사의 허락없이 내용
의 일부를 인용하거나 발췌하는 것을 금합니다.
*파본이나 잘못된 책은 서점에서 교환하여 드립니다.

바른역사 정립은 이제 우리 국민의 몫입니다. 이 책을 읽고 혹시 질문이 있거나 또는 바
른역사 정립운동에 동참할 의사가 있으신 분은 이메일 barun522@hanmail.net으로
연락주십시오. 함께하면 힘이 배가 됩니다.